How to create original course

セミナー　教室　レッスン

私らしさ120%！

「満席講座」のつくりかた

女性起業プロデューサー　加藤あい

同文舘出版

はじめに

「私らしく生きる」

この言葉を何回耳にしてきたことでしょう。

「私らしく」という言葉は、とても魅力的です。その反面、時に私たちを惑わせる言葉でもあります。「私らしくって、どんなことなんだろう」と。


この本では、**「私らしい満席講座」**のつくり方をお伝えしています。

「私らしく生きることに四苦八苦している私が、私らしい講座をつくって、お客様を集めて、教えるなんてこと、できるの？　しかも、満席だなんて。それができるのって、特別な人だけでしょ？」

そんな声が聞こえてきました。

ですが、私ははっきり言えます。

「あなたにも、できますよ」と。

ご挨拶が遅れました。

はじめまして、加藤あいと申します。

私は現在、講座やコンサルティングを通じて、女性たちが「自分の好きや得意」を活かしながら、自分の人生を歩んでいくためのサポートをしています。

私自身、専業主婦時代を経てパート勤務に出たものの、「時給換算の人生ではなく、自分自身の価値をお金に変えていきたい」と起業を決意し、人脈やコネもゼロの状態からアイシングクッキー教室を開業。オリジナルメニューをつくって月平均50名以上を集客する満席講座となり、4年間でのべ2000人以上の方にご参加いただくことができました。

といっても、決して特別なことをしたわけでも、お金をたくさんかけたわけでもありません。満席講座にするために必要なのは、資格や商品を売ることではなく、**あなた自身を売っていく**ことです。私は満席というのは数値ではなく、あなた自身の価値の表れであり、お客様への感謝の量だと思っています。

自分の夢を叶え、参加者にも夢を与えられるような女性講師を増やしていきたい。

そして、楽しみながらちゃんと収入も得て、自分らしくその幸せを世界に撒き散らすことができる女性を増やしたい。そんなミッションをもって活動しています。

時代は平成から令和に移り、2020年には全世界をも巻き込む新型コロナウイルスの出現により、あらゆる常識が強制的に覆されつつありますね。大きな時代や価値観の変化とともに、これまでの「目に見えるもの」から「目に見えない感覚的なもの」が重要視され、「風の時代」とも言われています。

いいものだから売れる、という時代は終わりました。ものの良し悪しで人は購入を決めないのです。なぜなら、どの商品・サービスもレベルが上がり、どれも「そこそこいいもの」だからです。

では、何で選ばれるのかというと、それは「あなたらしさ」です。

「あなた」という人生の物語は、唯一無二の存在です。今の時代、そんな「人の生きざま」に魅力を感じたり、その人にしかない「個」に価値を見出す時代です。

何も、とてつもなくすごいことを目指しているのではありません。もちろん、「いいもの」であることは大前提ですが、お客様が選ぶのは、いいものである以上に人間味あふれる「あなたらしい」講座です。だから、背伸びをすることなく、「自分サイズ」であることがとても大事なのです。

講座とは、あなたのエッセンスがギュッと詰まった「あなたの分身」みたいなもの。自信をもって、のびのびと自分の可能性を引き出し、価値としてしっかり認識し、あなたらしさ120％の講座をつくっていきましょう！

本書は、お読みになったあなたが「満席講座」をつくれるようにと願いを込めて綴りました。ぜひ、「こうなれたらいいな」「こんなふうにできるかも」と、ワクワク想像しながら読みはじめてください。

きっと読み終わった頃には、新しいアイデアが湧いて、まだ見ぬ「私」に出会えていることと思います。

女性起業プロデューサー　加藤あい

Contents

Contents

Chapter 2

あっという間に人が集まる！講座のつくり方

Contents

Chapter 3

理想のお客様で満席になる！ 集客の最短ルート

Contents

Chapter 4

いよいよ開講！ 講座を成功させるコツ

Chapter 5

今日から変われる！ 選ばれる講師になるための自分磨き

Contents

Contents

Chapter 7

「私らしさ120%」で活躍している11人の講師

カバー・本文デザイン　池田香奈子

Chapter

1

「私らしさ120％」の講座をはじめよう！

Lesson 1

講座づくりは「なりたい自分」への最短ルート

「自分らしく仕事をしよう！」

こんな言葉を、よく耳にするようになりましたね。

でも、それってどういうことかよくわからないまま、言葉の響きに惹かれているだけの人も多いかもしれません。

自分で自分を理解するのが一番難しいものです。「自分らしくありたい」と思うのはなぜなのか、「なりたい自分」とは、一体どんな姿なのか。それを知るために、多くの人は自己啓発セミナーに通ったり、書籍を読んだりするのでしょう。

自分自身を模索していくその先に、あなたが求めている姿や、あなたが本当にやりたいことが浮かび上がってきます。本書でお伝えする講座づくりも、その手段のひとつ。レッスン、セッション、ワーク……さまざまな方法がありますが、講座にすることで、あなたの魅力を120％アップさせることが可能になります。

なぜなら、講座には、あなたの魅力や思いをギュッと詰め込むことができるから。

講座は、「なりたい自分」を表現する方法なのです。

あなたの講座はあなたにしかつくれない！

「あなたらしさ」を存分に表現したオリジナルメニューは、唯一無二の存在になります。この世にあなたという人間はたったひとりだから、誰にも真似なんてできません。

講座に「あなたという看板」がつけばもう大丈夫！　それこそが、世界にたった1つの、あなたの叶えたい未来が詰まった「私らしさ120％」の講座です。

何も「すごい自分」でなくても、いいのです。講座は、あなたの中に湧き出るもので構成していくのが、何より大事。背伸びはご無用です。

大きな会場で、大勢を集めてセミナーや講演会を開催するのを目指さなくても、いいのです。あなたという人間を等身大で表現した「自分サイズ」の講座をつくりましょう。今のあなただからこそできる講座をつくって、誰かのお役に立つことが目標です。

あなたらしい講座をつくることで、自分のなりたいと思い描いていた姿が叶うだけでなく、あなたの言葉、あなたの教えによって、受講生の夢や想いも叶えていくことができます。

なりたい自分の姿、そして、自分の講座を受ける生徒さんのなりたい姿をイメージして、一緒に未来へ進みましょう!

Lesson 2

不安を味方にして、一歩を踏み出す勇気をもとう

でも、自分で講座を開くなんて、私にはそんな才能も、能力も、経験も実績もありません……。

そんな声が聞こえてきました。

大丈夫です！　**そんなあなただからこそ、学びたいという人がいる**のです。

想像してみてください。

何か叶えたい夢や、「こうなりたい」と思う理想像があるとき、ものすごく輝いていて、大成功している億万長者のような人から教えを乞いたいと思いますか？　目の前に立ったら、恐れ多くてブルブル震えてしまいそうになりませんか？

逆に、身近な人がそれを叶えていたとしたら、「ねえねえ、どうしてそうなれた

の？」「そこまでなるのにどんなことがあった？」と聞きたくなりませんか？

受講生の方も、同じです。〝ちょっとだけ〟先を行くあなただから、「どうやってそうなれたのか？」「どんな方法だったのか？」「どんな困難があったのか？」を聞きたいのです。そんなあなたの講座だからこそ、受けようと思ってくれるのです。

私の場合、よく聞かれるのが「どんなことがきっかけで、今の道に進むことになったのか？」「家族の理解はどう得ているのか？」「時間のやりくりはどうしているのか？」などがあります。「え？　そんなことでいいの？」と思ったりしますが、本当によく聞かれることなのです。他には、「どんな失敗をしてきたか？」もよくある質問です。

そして、それらの質問に素直にお答えすると、みなさん、「勇気をもらいました」「私もやってみます」「あいさんにも、そんな時代があったのですね」と表情が明るくなります。

あなたが歩んできたその過程こそ、受講生の「知りたい」の宝庫です。きっと自分と重ね合わせて、イメージできるからなのでしょう。何か特別な手法とか、レベルの高い技術とか、そういったものではなく、**「あなたの経験」に価値がある**のです。

自分の立場になると、つい忘れてしまったり、見えなくなってしまうようなことも、その逆の立場から考えてみると納得できたりします。

「私にそんな才能も能力も経験も実績もない……」と不安な気持ちになった時、このことを何回も思い出してみてくださいね。

大事なのは、まず一歩を踏み出すこと

どんな道も、一歩からはじまります。そして、それまで恐れていた世界が、踏み出してみると、意外と「あれ？　大丈夫だった」と気づいたりするものです。

私の経験談で言うと、数年前、アイシングのディプロマ（認定証）を取得しようと渡英したことがあります。それまで海外旅行をしたことはあるものの、英語もまともに話せない私にとって、1人で海外に行くというのはとてつもない大挑戦でした。

「本当に行けるの？」「生きて帰ってこれる？」と、不安を通り越して恐怖心が襲っ

てくる毎日でしたが、行ってしまえば、なんとかなるもの。ディプロマ取得のみならず、観光もしっかり満喫して帰国しました。

それ以降、「1人で海外」の壁はあっさりとなくなり、幾度となく行けるようになったのです。あの恐れていた感情はいつしか貴重な経験となり、「私が行けたのだから大丈夫！」と誰かの背中を押すだけの自信にもなっています。一歩を踏み出すことで見える世界がガラッと変わり、二歩三歩が軽やかになるものです。

そんな一歩を踏み出したときの感情も、これからあなたがつくっていく講座のネタになりますので、その気持ちを忘れないように、ノートに書き留めておいてくださいね。1年後のあなたに向けた、よいヒントになりますよ。

Lesson 3

アイデアは無限大！ 自分らしい講座のスタイルが必ず見つかる

これからの時代、**可能性は無限大に広がっています**。パソコン1つあれば、場所を選ばず、どこでだってお仕事が可能。おうちの中でもカフェだって、海外だって、一瞬で仕事場に変身しちゃいます。

これまでは、講座をはじめるために、会議室を借りたり、自宅をサロン風に改装したり、といった手間や経費がかかるのが当たり前でした。

それはそれで、今でも選択肢のひとつではあります。大きな会議室で話す自分の姿や、おしゃれなサロン仕立てにした自宅で、好きな人に囲まれてお茶を飲みながら講座をする、というスタイルはやっぱり憧れる人も多いと思います。

そういうスタイルの選択肢ももちながら、パソコン1台で世界中が仕事場になる、というスタイルをもつことができれば、夢は無限大に広がります。

オンライン講座なら、いろんなものから解放される

たとえば、オンライン講座なら、人数の制限なく参加していただいても大丈夫。プロジェクターを準備したりなどの手間もありません。場所を借りる経費もかかりませんし、会場までの往復の時間も省けます。

お客様も、これまではご近所のみが対象だったのが、世界中から参加していただけるようになります。

ネットに苦手意識をもっている人も少なくないですが、コロナ禍で一気にオンライン化が進んだことで、そのハードルがぐっと低くなったのもチャンスです。これまでリアルで開催していたジャンルだって、今やオンライン開催が当たり前になりましたよね。

ちょっと前までは、誰が画面越しにお料理教室やエクササイズのレッスンを受けられると考えたでしょう。

従来の価値観を手放し、「これもオンラインでできるかも?」と考えてみると、見

えている世界も変わってきます。これまでの固定概念に縛られることなく、自由にアイデアを膨らませてみましょう。チャンスは、ありとあらゆるところに転がっています！

こんな感じで、自分はどんなスタイルが理想的かな？　自分にはどんなことができるんだろう？　と妄想をどんどん広げてみてください。そのうち、「私はこのスタイルが理想」「こういうのもできるかも」というのが見つかりますよ。

オンライン講座については、Chapter 2で詳しくお伝えしますね。

Lesson 4

あなたの中にあるダイヤモンドを見つける3つのワーク

誰の中にだって、キラリと光る「ダイヤモンド」が存在します。

キラキラ輝くダイヤモンドというよりは、まだ発掘されていない原石というイメージ。あなたの中にある原石を見つけて、あなただけのダイヤモンドとして磨きをかけていきましょう。

「そんな簡単に見つかるものなのかな？」と疑問符が浮かんだかもしれませんね。

本項でご紹介する３つのワークで、あなたのダイヤモンドの原石を見つけることが、きっとできますよ。

WORK ① 私は何が好き？

あなたは何が好き？

何が嫌い？

何に夢中になる？　何が得意？

それぞれ、50個ずつ書き出してみましょう。

とにかく書き出すことが大切です。できれば集中する時間をつくって一気に書き出してみましょう。

もしかしたら、最初は書き出すペンが止まってしまうかもしれません。そのような場合は、幼い頃から順に時系列で振り返ってみるとよいでしょう。「小学校時代」「20代前半」などと区切ってみると、だんだん思い出してきます。現在、目の前のことのみにライトを当てるのではなく、過去にタイムスリップした気持ちで思い出してみてください。

それでもなかなか出てこない場合は、ちょっと時間を置いてみましょう。そして、日常生活を送る中で、ぼんやりと質問について考えてみてください。そうすると、意外と50個出てきますよ。

ポイントは、重苦しく考えすぎないこと。こんなレベルでも好きに入るかな？　くらいの気持ちでＯＫです。

さあ、書き出してみましたか？　改めて自分と向き合う時間になったのではないでしょうか。この時間がとても大切です。

書き出してみたら、共通項を探してみましょう。どの時代も種類は異なれど似たようなことが好きだったり、歳を重ねても意外と変わらず夢中になっていることはないでしょうか？

その共通項が見つかれば、ダイヤモンドの原石発見！　になります。

たとえば私の場合、小学校時代は兄弟やいとこに自作の紙芝居を見せたり、バレンタインデーのチョコレートはもちろん、箱やラッピングも手づくりしたり、高校の文化祭で振り付けなどの演出をしたり、息子のお誕生日会の飾り付けに凝ったり……。これらに共通する「ゼロから生み出す」「オリジナル」といったことは、まさに今の仕事につながっていると思います。

WORK② 周りの人に調査してみよう

次は、周りの人に調査です。特に、ご両親、兄弟、パートナー、親友など、身近な人がオススメです。あなたのことをよく知る人に、「私ってどういう人かな？」と質問してみてください。

ちょっと身近すぎて聞きづらいこともあるかもしれませんね。いいことは言ってくれないんだろうな……と、聞く前から悲観的な気持ちになってしまう場合もあるかもしれません。もしかしたら、バッサリ言われてちょっぴり傷つくこともあるかもしれませんが、きっと愛情をもって答えてくれるはずなので、勇気を出してみてください。もし、心にぐさっとくる返事が戻ってきたら、その後にポジティブ変換をしてみましょう。

「大雑把」と言われたら、「私は細かいことを気にしなくて寛大なんだ！」。

「細かすぎるのがたまにキズ」と言われたら、「私は細部まで気が回る人なんだ！」

というように。

一瞬、ムッとしてしまいそうな表現に、隠れたあなたの魅力があるのです。

WORK③ 泣き出すほどの経験を思い出そう

泣きたくなるくらいの、もしくは泣いてしまったような経験は、誰しもがおもちだと思います。そんな中でも、あなたの琴線に触れた瞬間を思い出してみましょう。

たとえば、ドラマや映画やお芝居を観たとき、あるいは本を読んだとき、どんな場面で泣きますか？　また、そのとき、どんなことについて涙が出てきましたか？　どんなシチュエーションで、出演者はどんなセリフを言っていましたか？

主人公が勇敢に敵に立ち向かうシーン、逆境を乗り越えるシーン、友情が固く結ばれるシーン、親子関係のシーン……同じシーンでも、人によって琴線に触れるポイントは異なります。

なぜなら、それは、あなたの過去のいずれかの出来事と重なって涙が流れたり、感動したりするからです。

たとえば、私の場合、アニメ「キャンディ・キャンディ」のテーマ曲を歌うと、毎回途中で声が詰まってしまって歌えなくなります。

「ひとりぼっちでいると　ちょっぴりさみしい
そんなとき　こういうの　かがみをみつめて
わらって　わらって　わらってキャンディ」

というフレーズの部分です。

きっと、自分を奮い立たせようとする気持ちと重なるのだと思います。また、笑顔でいることで自分を元気づけるという術が、どこか物悲しいものがあるからかもしれません。

泣いてしまうほど心が揺さぶられた経験を思い返すことで、どんな感情の動きが、過去のどんな経験と結びついているのか？　また、どんな経験によって、どんな価値観や信念をもって生きているのか？　が浮き彫りになってきます。

「何を大切にして生きているのか」という生き様がそこに投影され、あなたらしさが際立ってくるのです。

これは、どこかで公表するわけでもありませんが、心の隅にそっと思い出したことを置いておくだけで、そこからあなたの魅力がじわじわ出てくる効果があります。

Lesson 5

自分の経験が価値に変わる

起業であれ、副業であれ、多くのライバルが存在する中で差別化をしていくことが必須と言われています。

とはいえ、「私には、差別化するだけの素晴らしい経歴も技術もない……」と落胆することはありません。今から焦って技術を身につけたり、さらに学びを深める必要はないのです。なぜなら、あなたが生きてきた、その経験すべてが価値であり、お金に変わる源泉となるからです。

ここでは、あなたという人間の経験を価値に変えていくワークをしましょう。ワークでは重複する部分があってもかまいません。とにかく書き出していきましょう。

WORK① 自分史をつくってみよう

まずは、あなたがこれまで生きてきた人生の自分史をつくってみましょう。

紙を1枚用意し、表をつくってみます。

縦列に「**幼児期・小学校・中学校・高校・大学（専門）・就職・結婚・子育て等**」と並べて書きます。

そして、横列には、

- **そのとき何が起きたのか？**
- **どんな子だったのか？**
- **どんな役割を担っていたのか？**

を書いていきます。

こういうワークに慣れていない場合、すっかり記憶が遠のいてしまい、思い出せない……と手が止まってしまうことは、よくあることです。記憶が遠ざかってしまい、思い出せないときは、小学校1年2年3年……と細かく区分して思い出していくと、当時の担任の先生の顔や、仲のよかったお友達の顔が思い浮かんできませんか？　当時、流行っていた歌やアニメなどもよみがえってきます。

そんなこともあったなあと思いを馳せながら、そのとき何が起きたかを書き出してみてください。誰が好きだったとか、親友との会話とか、運動会でどんな競技をしたなどでもいいでしょう。影響を受けた人物との出会いも思い浮かべてみてください。

それでも思い出しにくいときは、アルバムを引っ張り出してきたり、YouTubeでその時代の人気曲メドレーなどを流しながら書き出してみるのもありです。きっと口ずさみながら、当時の記憶が呼び戻せることでしょう。

ポイントは、とにかく些細なことでもいいので書き出してみること。自分の人生の総集編をつくり上げるような気持ちで、トライしてみてください。

WORK② 今ある資格・特技をすべて書き出してみよう

次は、あなたの現在もっている資格・特技などをすべて書き出してみましょう。

ポイントは「**すべて**」です。こんなのは特技に入らないと自分で判断せず、あれもこれも全部、書いてください。

資格は証書などがあるのでわかりやすいですが、特技は自分で把握しているものもあれば、把握していないものもあります。

何かのコンクールで入賞したとか、クラスで何位だったなどと把握できない特技とは、たとえば、友人から「それすごいね」と言われたことに対し、「いやいや、普通だよ」と思うようなこと。自分では当たり前すぎて、特技だと把握していないのです。

私の場合、ママ友にサンドイッチをつくって出したことがあったのですが、パンに具材を挟み、カットしてお皿に盛りつけて出したら、予想以上の絶賛をされてビックリ。「こんな素敵に盛りつけができるなんてすごい！」と言われたときに、私は、「え？　別にこんなの普通だよ」と答えていたのです。

思い返してみれば、実家が喫茶店を営んでいたことがあり、時々、アルバイトでサンドイッチをつくっていたという経験があったことから、無意識に喫茶店レベルのサンドイッチをつくり、盛りつけをしていたのです。

そのときはよくわからなかったのですが、後になって、褒められた際に否定することが自分の隠された特技だと知ったとき、このサンドイッチのことを思い出しました。サンドイッチを盛りつけるのが得意だということは、私が以前、教室を主宰していたアイシングクッキーに活かされていると思っています。

アイシングクッキーは空間を認識して描く能力が必要です。この空間認識能力は、サンドイッチの盛りつけで培われ、無意識にアイシングクッキーづくりに活かしていたのです。

自分の特技がどんな能力によるものなのかを理解し、それを別のことに取り入れていけば、最強です。

WORK③ 自分の経歴の中で数値化できるものはあるか？

自分史や資格・特技について、いくつか書き出せたかと思います。次は、それらを1つずつ数値化してみましょう。

数値化というと、通知表の5段階評価やテストの100点満点中の何点かといったことと同じかと勘違いされることがありますが、そうではありません。

たとえば、

- **ピアノを習っていた↓5歳から15歳までピアノを習っていて、10年間で500曲弾けるようになった**
- **バスケットボールクラブに所属していた↓1分間に20ゴールあげることができた**
- **転勤族で引越しばかりだった↓小学校6年間で5回転校したので校歌を5つ歌える**

・新卒で入った会社では営業を担当した→5年間の勤務で1億円の売上に貢献できた

というようなことです。

そして、その数値を別の言い方にすることで、もっと「すごそう」に見せられないかを考えてみてください。

たとえば、相談窓口勤務で、「月に20人担当した」というのと「5年で1200人担当した」、どちらがインパクトを与えることができるでしょうか？

自分でも「私って結構すごいかも」と思えたり、またその逆で、「こんなの、いつものことだよ」と自己認定してしまうこともありますので、その場合は第三者に話してみて反応を見ましょう。「すごい！」という反応が得られたら、ＯＫです。

そして、数値化なんてできないと思っていることでも、数値化してみると「それって、すごいよね」と、お宝に変化することだってあります。

毎日、何気なくしている家事の一つひとつ、育児の一つひとつだって、すごいの宝庫なんですよ。家族5人分の食材を週末に1週間分まとめ買いをし、1週間分の献立をそこから考えることができる！　など、あなたにも心当たりはありませんか？

Lesson 6

挫折や失敗がネタの宝庫

これまで、あなたの中のダイヤモンドの原石を探すワークをしてきましたが、「自分の強みや価値は何だろう?」と途方に暮れる方も少なくありません。

そんなとき思い出してほしいのが、**過去の挫折や失敗談**。これを多くもっている人ほど輝きを増します。自分の中で恥ずかしい、人にあえて見せるべきではないと思っている挫折や失敗を見せることで、

「私と同じ!」

「そんな失敗があったのですね」

「順風満帆に見えていましたが、親近感を覚えてファンになりました」

と言っていただけるきっかけになるのです。

人に言えないような挫折や失敗の経験があれば、鬼に金棒

たとえば、私は、起業前に食堂で時給750円のパートをしていた経験があります。最初は、少し恥ずかしくて、公にすることができませんでした。

でも、あるとき、パート時代のことをブログに書いたら、有名ブロガーさんに取り上げていただけたことがありました。その後、プロフィールに記載してみたら、「パート時代があるということに惹かれて、申し込みました」という生徒さんが増えていきました。

このとき、自分が隠したいと思っていた過去のことが、誰かの希望の光になったり、親近感や共感を生むこともあるのだと確信をもちました。

だからといって、どうしても言いたくない過去を明かす必要はありません。自分で「打ち明けてもいいかな？」というタイミングが来たときで大丈夫です。

きっと、よりあなたのことを好きになる人が周りに増え、会いに来てくださるようになりますよ。

たとえ公にしなくとも、自分で気づけた失敗や挫折の経験から得た教訓や学び、立ち直った経緯は、あなた自身を支えてくれる重要な要素となります。

ワークを通じ、さまざまなあなたと出会えたのではないでしょうか。これこそが「私らしさ120%」の原型となる部分。「満席講座」に必要不可欠な要素となっていきます。

Chapter

2

あっという間に人が集まる！
講座のつくり方

Lesson 1

講座のネタを探そう

Chapter 1で、過去に遡るなど自分の「棚卸し」をし、あなたの中に眠るダイヤモンドの発掘をしていただきました。この章では、発掘したダイヤモンドを世の中にお披露目する「講座のつくり方」の内容に入っていきます。

どんな講座をつくるときにも、忘れてはいけない順番があります。

それは、**「誰に」→「何を」→「どのように」**です。

満席にしたいと思うと、つい「どのように」の方法からスタートしてしまいがちですが、必ずこの順番を守ってください。

Chapter 2で「誰に」「何を」を考え、講座の内容を固め、Chapter 3で「どのように」満席にしていくかについて、お伝えしていきますね。

世の中の困っていることを探そう

「そうそう、こんな講座が受けたかったの」

そんな講座をつくれたら、満席は確定です。

「そうそう、こんな講座が受けたかったの」とはどんな講座かというと、**未来のお客様の「問題解決」ができる講座**。「世の中の困っていること＝問題は何なのか？」を探しましょう。

私がいつも口酸っぱく言っているのは、「**自分の売りたいものを売るのではなくて、求められているものを売りましょう**」ということ。本項では、未来のお客様はどんな人で、どんなことに困っているのかといった「講座のネタ」を見つける方法をいくつかお伝えいたします。

まず、お客様の「そうそう、こんな講座が受けたかったの」を探るために、さまざまな素材集めをしていきましょう。Chapter 1では、自分のダイヤモンドの原石探しをしましたが、講座のネタは、自分の技術やスキル、過去や経験、内側から湧き出してくる想いなどに加えて、世の中が求めている「ニーズ」が必要になってきます。

ここを見ずして講座をつくってしまうと、お客様から本当に必要なものだとみなされず、選んでもらうことは難しいでしょう。なぜなら、**想いばかりが先行してしまい、独りよがりな内容になってしまう**から。自分が伝えたい技術・スキルや想いと、お客様の「そうそう、こんな講座が受けたかったの」というニーズがぴったり合うネタを探すためには、毎日のちょっとした意識を変えてみること。周りをぐるっと見渡せば、あちこちにネタが見つかるようになりますよ。

以下、いくつかネタの見つけ方をご紹介します。探偵気分で街に出てみましょう！

・外を出歩いてキョロキョロしよう

日々の移動時間もネタ探しのチャンス。何気なく歩いたり、電車内でスマホ操作に夢中になったりするのではなく、「あれもネタになるかな?」「お客様はどんなことに困っているのかな?」などという視点で、周りを見回してみてください。

街を歩く人がどんなものを持ち歩いているか？　電車の中吊り広告はどんなものがかかっているか？　など、目に入る情報を見逃さないように意識しましょう。

たとえば、中吊り広告は、どんな情報が多く掲載されていますか？　そして、どんな言葉が使われていますか？　こんなふうに、これまで何気なく見ていたものを凝視するクセをつけてみてください。

・雑誌やテレビから「時流」を読む

ふだん楽しく見ている雑誌・テレビはネタの宝庫。雑誌やテレビでどんな特集が組まれているか、チェックしましょう。そのときのトレンドをピックアップしている雑誌やテレビでは、必ず今年と昨年では傾向が異なるはずです。

たとえば、新型コロナウイルスが流行り出した頃、全国のドラッグストアなどで不織布マスクが不足して、手づくりマスクが大フィーバーを起こしましたね。これまでの「マスクは使い捨て」という概念がすっかり変化し、布マスクのつくり方の動画講座もたくさん登場しました。

ただ雑誌を眺める、ただテレビ番組を見るということにとどまらず、「それがなぜ、特集になっているのか？」という視点で見てみましょう。そこで気がついた世の中の時流と、自分のダイヤモンドの原石をうまくミックスできないかを考えてみると、さまざまなアイデアが生まれてきます。

・書店に行く

書店にも時流と流行りがあります。どんなタイトルのものがたくさん並んでいるのかを見るだけでも、その時代の背景が読み取れます。

健康に関する本が多いと感じたら、それが食事による健康本なのか、運動による健康本なのか、また、タイトルやキャッチコピーはどんな言葉が多用されているのか。本のカバーをざっと眺めるだけでも、気づきが得られます。

・自分が想定している業種の本を10冊読もう

「開催したいと思っても、自信がありません」。そんな声をよく聞きます。誰だって最初は自信がありません。自信をつける方法のひとつとして、自分の分野に関連する本を10冊読むことをオススメします。

あの資格がまだないから、などと不安に思いがちですが、10冊も読めば知識が得られ、受講生が抱える問題の共通項も見つかります。本というのは2000円足らずで知識を得られるのですから、何よりも手軽に手に入る自信と知識の宝庫と言えます。

・検索をする

検索上手は、ニーズ発見上手になれます。いくら「自分でこんな講座がやりたい！」と思っても、ニーズの高いネタかどうかはわかりません。そんなときは、インターネットで検索してみましょう。実際に自分が開催したいと思う講座が、ネタとして世の中にあるかどうかがわかります。

ここで勘違いしがちなのは、自分がやりたいネタと同じような講座が出てきたらマズイんじゃないか？　と思ってしまうこと。同じような講座がすでにあるということは、世の中にニーズがあるという証拠です。

逆に、まったく検索結果に出てこないような奇をてらった内容は、今はニーズがないということ。もしかしたら、今後、広がりを見せる、先見の明があるネタかもしれませんが、初心者の私たちが広めていくのは至難の技です。

自分で考えた造語で検索しても、出てこないのは当たり前。そんなときは、他のキーワードや類語に置き換えたり、言葉の組み合わせを変えてみたりしましょう。

自分と同じような講座の中で、お手本となる講座を見つけるのもいいと思います。もちろん、そのままパクるのはNGですが、どんな講座タイトルをつけているのか？　どんな内容なのか？　どんな説明文を載せているのか？　といった参考になります。

いつもアンテナが立っている状態になろう

これらを繰り返し、自分の中に蓄積していきます。そうやって、いつもニーズを探すアンテナを立てた状態でいることで、ふとした瞬間にネタが湧いてくるようになります。

そのタイミングは人それぞれですが、よく聞くのは、お茶を飲んでいるとき、頭を乾かしているとき、お散歩をしているときなど、「考えよう！」としているときではなく、頭が空っぽになっている状態のときが多いようです。

私の場合は、入浴中に「こんな講座はどうかな？」とひらめくことが多く、お風呂にパソコンを持ち込みたい心境に何度もなっています。ニーズを探す習慣が身についたら、あえて「頭ゆるゆるタイム」をつくってみてもいいかもしれませんね。

Lesson 2

お客様を決めよう

徐々に自分の講座のイメージが見えてきたでしょうか？　まだまだ頭の中がクリアになっていない場合でも、1つずつお伝えしていきますので安心してくださいね。

講座をつくっていくときに大切なのが、**あなたの未来のお客様像を想定すること**。専門的な用語では、**ターゲット、ペルソナの設定**などと言います。

実際に、未来のお客様像を考えてみましょう。ポイントは「**超具体的に**」です。ただなんとなく「こんな人に来てほしいな」と想像するのではなく、あたかもその人物がこの世に実在するかのように想定するということです。

これも頭で考えていてもぼんやりしてしまうので、書き出してみましょう。

書き出していくのは、年齢、性別、職業、住んでいる場所、家族構成、家族の年齢、年収、趣味、特技、読んでいる雑誌、見るテレビ番組、性格など。
たとえば、こんな感じです。

・ターゲットAさん
年齢　42歳
性別　女性
職業　専業主婦
住んでいる場所　東京都にある分譲マンションの2LDK
家族構成・家族の年齢　夫（44歳）、娘（小学5年生）
年収　600万円
趣味　ヨガ教室に通ったり、料理教室に通う。年に2回は家族旅行に行く
特技　写真を撮るのが好きで、整理整頓がよくできる。健康に対する意識が強い
読んでいる雑誌　「STORY」「CREA Traveller」
見るテレビ番組　人気のドラマを週に2、3本

性格など おっとりしていると言われるが、ママ友などの存在がすぐに気になってしまう。最近は健康に留意したお菓子づくりにも興味が出てきている

これをただ「40代の女性」などと書いてしまうと、微妙にズレが出てきてしまいます。40代と言っても、40歳では、30代が終わったばかりで「アラフォー」という言葉が多用される時期。49歳では、50代も目前で、更年期など体調の変化を意識しはじめる時期です。同じ40代でも、悩みや考えていることが違うのです。

こうやってターゲットを限定して絞るということをすると、「でも、こんなに絞ってしまったら、逆に誰も来なくなるのでは？」という不安の声が必ずあがります。ですが、安心してください。それどころかターゲット以外の幅広いお客様がやって来るようになります。実際は、絞り込んだターゲットしか来ないのではなく、その周辺に位置する人や、ターゲットではなくても一部のキーワードが気になった人などが反応してくれることも十分ありえるからです。安心して、絞り込みましょう。

Lesson 3

お客様はどんな不安や望みを抱えている？

では、お客様像について、もっと具体的に切り込んでいきましょう。

「理想のお客様」を書き出すことができたら、次は、そのお客様にどんな悩み・不安・不足・不満・望み・願望・欲求があるか、50個書き出してみましょう。

途中でペンが止まってしまうかもしれませんが、50個出し切るというのがポイントです。


ペンが止まりがちになる傾向としては、抽象的な書き方をしている場合があります。

たとえば、先ほど書き出した女性が、最近お菓子づくりに興味をもち、講座に通いたいと思ったとき、

「お菓子をつくったことがなくて不安」

と書き出したとしましょう。このままだと抽象的なので、もっと細分化していきます。

「お菓子の計量がわからない」
「お菓子の本を読んでも理解できない」
「お菓子をつくったことがないので、迷惑をかけそうで不安」
「お菓子がうまくできなかったら恥ずかしい」

などです。

1つの不安要素を分解していくと、何倍にも増幅させることができます。

みなさんが想定した「理想のお客様」の脳みそに飛び込んでみるイメージで、その人物になったとき、脳内でどんな感情や思考が起きているかを想像力を最大にして考えてみましょう。ブレインダイブです！

寝ても覚めても考えてしまう、出会いたくてしかたのない「理想のお客様」の姿を思い浮かべながら、「こうしたら、お客様は喜ぶかな？」と考えて、ニヤニヤしたり。こんなつらいことがあったかもと考えて、悲しくて涙が出てきたり。相手の脳に飛び込んで、憑依するくらいのイメージです。

私の場合、「理想のお客様」の気持ちや悩み事を想像しながらメールマガジンの文章を書いていると、お客様の感情が移ってきて泣いてしまうことがよくあります。

みなさんが想定した「理想のお客様」が心から大切にするものは何か、何を困っているのかを先取りできる存在になれるといいですね。

このとき注意したいのは、**「我を通す」ことは手放す**ということ。いくらお客様の悩みや不安、願望を想像しても、「いや、私はこうだから」「私はこうしたい」という我が強く前に出てしまう場合があります。

自分のしたいことをするというのはとても大切にしたいところなのですが、お客様のニーズを無視して自分の願望を優先してしまうと、ミスマッチが起こります。

時には「我を捨てる」ということも必要です。お客様にとって私たちが何を提供したらいいのかを考えましょう。

Lesson 4

講座のタイプを決めよう

前項でターゲットの悩みや不安、欲求などを50個書き出していただきましたが、その内容についてもう少し深掘りしてみましょう。

人がものを購入するときには、２つのパターンがあると言われています。

・お悩み解決系

人の感情をゼロベースで考えたとき、不安や不満といったマイナスを解決して、ゼロベースへもっていくための購入です。

・幸せに導く系

ゼロベースから、幸せや満足を感じるプラスの状態にしていくための購入です。

具体的には、お悩み解決系は、恋愛・親子関係・お金・健康や美容・コンプレックス・ダイエット・勉強などに関するものが多く、幸せに導く系は、お稽古ごと・資格取得・スキルアップなどに関するものが多いです。

どちらかと言うと、お悩み解決系のほうが緊急度が高く、購入に至りやすいジャンルです。お腹が痛い（マイナス）ときに病院に駆け込む緊急度と、ケーキが食べたい（ゼロベース）ときにケーキ屋さんに行く緊急度を比べると、前者のほうが緊急度は高いですよね。


あなたの開催したい講座のジャンルは、どちらでしょうか？

ただし、自分のジャンルは幸せへ導く系だからといって落胆する必要はありません。

実は、幸せに導く系の場合にもマイナス要素が含まれていることがあります。

「お菓子がつくれるようになりたい」という幸せに導く系の動機だとしても、その心情の中には、子育てで社会から遮断されてしまい、交流できる場がほしいから、という切実なマイナス要素が隠れていることがあるのです。

実際、お菓子づくりの講座を受けながら、日頃の育児などのあわただしさから解き放たれ、ほっと一息つけたとき、「こんなゆったりした時間をもっていい」と涙が出たという受講生さんもいました。

これは参加する本人さえも気づいていない、隠れたマイナス要素の可能性がありま す。そういった潜在的なマイナス要素を捉えることができれば、幸せに導く系の講座も、お悩み解決系の緊急性のある講座として打ち出すことが可能になります。

前項で書き出していただいた、「理想のお客様」の50個の悩みや不安、欲求を今一度見直してみてください。そこには、今あなたが思い描いている講座とはもっと別のお悩み解決系のネタが隠れていないでしょうか？ そこがわかれば、参加者のハートをぐっとつかむことができますよ！

お客様をどんな未来に導くか、ゴールを決めよう

だんだん頭の中に具体的なお客様像や、お客様に受けてもらいたい講座がイメージできたところだと思います。ここで、「**ゴールを決める**」ことが大事です。

ゴールを設定しないと、こっちがいいかも、あっちがいいかもとブレてしまったり、思考がグルグルして講座の開催がどんどん先延ばしになる可能性も。ゴールを設定しないのは、地図をもたずに旅に出るのと同じ。何を目的にし、何を得られるのか。それによって、未来の自分はどうなるのか、講師自身が明確にしておくことです。

自分でこの内容の講座をやってみたいなと考えたとき、お客様をどんな未来につれていきたいでしょうか？　次の3つを考えてみましょう。

①現在地で参加していただくお客様は「今、どんな状態なのか？」
②その現在地から「どんな未来が待っている？」
③どうやって「導いていける？」

次ページのように、用紙の左下から右上に向かって矢印を書いて、現在地と未来を結びます。そして、①〜③の内容をこの図に書き込んでみましょう。その上で、お客様にどんな成果や変化をもって帰ってもらうのかも考えてみましょう。

お客様を幸せに導くワーク

③ なりたい姿にどう導くことができるのか？

「健康的な食事を知る。健康的な食材を知る。コミュニティに入る。趣味をもつ。」

②未来（なりたい姿）

「心から楽しめる仲間ができて、健康的なお菓子づくりがしたい。」

①現在地

「健康が心配。中年になり体型が気になり出した。気の置ける友人がいない。」

逆にお客様を未来に導けなかった場合、そのお客様がどんな状態に陥ってしまうか、どんなことで困り続けるのかを考えてみると、どんどん思考の枠が広がってきます。

この未来に導けなかった場合の「デメリット」を詳細に書き出すことは、未来に導けてどんな状態になるのか？　を考えるのと同じくらい重要なので、2つセットにして書き出しましょう。

書き出す内容は**「どうなるか？」の状況面と「どんな感情になるか？」の感情面の2種類を必ずセット**にしてください。

ここをしっかり想定できると、お客様の気持ちにグッと寄り添えるようになります。

Lesson 5

講座内容を考えよう

だいぶ講座づくりのためのアイテムがそろってきましたね。講座内容を考えるためのネタを見つけ、講座内容が育ってきたところで、実際に講座内容を考えるという段階に入っていきましょう。

みなさんの講座を受講する理想のお客様が、今、抱えている問題や悩み、欲求、それらを解決して叶えたい未来がわかってきました。では、その叶えたい未来に導くためには、どんな講座が必要でしょうか？

Chapter 1のワークで書き出した「自分の好きなこと」「夢中になること」「過去に得た資格や実績」を思い出してみましょう。たとえば、

・好きなこと……人の話を聞く。資料をつくる。インスタに日常をアップする

・夢中になること……写真を撮る。お菓子をつくる。健康について調べる
・過去に得た資格や実績……そろばん２級。色彩検定１級。オーガニック資格。バレー部でキャプテン

と書き出していて、お菓子づくり講座や写真撮影講座などができそうかな？　と仮定した場合を考えてみましょう。

そして、Chapter２－２で設定したターゲットAさんにお菓子づくり講座を伝えたいとしたとき、Aさんの抱える悩み・願望を想像してみます。

・お菓子づくりがしたいが不器用
・教室に通っても足を引っ張るのではないかと不安
・健康的なお菓子を知りたい
・子どもの写真を生き生き撮りたい

などがあげられます。また、

・自分の居場所がほしい
・ママ友とのしがらみから解放されたい
・なにか特技と言えるものがほしい
・健康には留意しているが老化が怖い

などのお悩み・願望もあるかもしれません。これらを解決する講座として、たとえば、

・健康的なお菓子づくり講座
・自分の未来を写す写真講座

などが考えられるでしょう。自分の中の得意・好きと、ターゲットの方のお悩み・願望をミックスすることで、単なるお菓子づくり講座や単なる写真講座ではない、あなたらしさとお客様のニーズを組み込んだ内容になっていきます。

さらに内容を絞り込んでいき、自分なら何が教えられるかを書き出してみます。た

とえば、健康的なお菓子づくり講座の場合、

- **健康に留意した材料選び**
- **酵素がたっぷりなフルーツを使ったお菓子（焼き菓子）**
- **食物繊維が多いフルーツを使ったお菓子（生菓子）**
- **根菜を使ったお菓子（焼き菓子）**
- **葉物を使ったお菓子（生菓子）**

と、材料にフォーカスできるかもしれませんし、

- **お菓子づくりが初めての方限定！　お仲間もできるお菓子講座**

と、参加者の不安にフォーカスした講座ができるかもしれません。

このように「プラスアルファ」のバリエーションで講座をいくつか書き出してみると、「これは、2つの講座に分けたほうがいいかもしれない」「これとこれは同じ講座

で伝えたほうがおトクに感じてもらえそう」といった、講座づくりのポイントがつかめるようになってきます。

叶えたい未来に導くための講座を構成するステップ

書き出したところで、受講生を叶えたい未来に導くステップはどんな順番になるでしょうか？　時系列に並べて、講座を構成していきましょう。

考え方はカンタン！　前項で、「お客様を幸せに導くワーク」をしましたね。そこで書き出したことは、

①現在地で参加していただくお客様は「今、どんな状態なのか？」
②その現在地から「どんな未来が待っている？」
③どうやって「導いていける？」

でした。そこから、「健康的なお菓子づくり講座」ができると仮定したとしましょ

う。その内容を具体的に、思いつくまま書き起こします。

- 健康に留意した材料選び（座学）
- お菓子づくりの基本（座学）
- 酵素がたっぷりなフルーツを使ったお菓子（焼き菓子）
- 食物繊維が多いフルーツを使ったお菓子（生菓子）
- 根菜を使ったお菓子（焼き菓子）
- 葉物を使ったお菓子（生菓子）
- 受講生さん同士が仲良くなる月1お茶会 orランチ会
- アンチエイジングについて

こんな感じでざっと書き出したところで、必要なものを取捨選択したり、2つをまとめてみるなどし、講座の順番に並べ替えます。たとえば、次のような全5回の仮プランが出来上がります。

1. お菓子づくりの基本（座学）
2. 健康に留意した材料選びとアンチエイジングについて（座学）
3. 焼き菓子（酵素たっぷりなフルーツを使ったお菓子・根菜を使ったお菓子）
4. 生菓子（食物繊維が多いフルーツを使ったお菓子・葉物を使ったお菓子）
5. 修了後のランチ会

一度仮でつくってから順番を入れ替えたり、内容を付け足したりして、何度も練り直しましょう。

ポイントは、手渡したい未来からの逆算で考えること。自分の講座を受けることによって、理想のお客様がどんな未来を進んでいくのかを思い描くと、どんなステップを踏めばいいのかがわかってくるはず。そして、自分でできる内容や取り入れたい内容、すでに世の中にある講座の内容を書き出し、自分のスタイルに構成していきます。

これを1回完結型にするのか、複数回連続講座にするのかといった、開催のスタイルなどの構想もしてみましょう。複数回の連続講座だとしたら、体験講座や相談会も用意したほうがいいかな？　など、必要に応じて構成していくといいですね。

Lesson 6

講座名を決めよう

それでは、いよいよ講座名を考えてみましょう！

講座名によって、申込数が左右されると言っても過言ではありません。ですので、しっかり考えることが大切です。

つくり上げた講座名は、あなたの看板とも言えるものになります。あなた自身が講座名を見てワクワクしてくるものにしましょう。ここで違和感があると、発信をするときや、集客をするとき、実際に講座がスタートしたときでさえ、違和感を抱えてしまうということになりかねません。

とはいえ、この時点では「仮講座名」でOKです。最終的に講座が完成したとき、さらには1回販売をスタートした後で「こっちの講座名のほうがいいかも」と変更する可能性もおおいにあるからです。

講座名は、あなたの講座内容がぱっと見てわかり、どんなことが得られるのか、いかに魅力的なものなのかが伝えられるかどうかが、大きな分かれ道になります。

以下、講座名のポイントをお伝えしていきましょう。

①既存の講座名を書き出す

講座名は自分で一から考えるのは避けましょう。「え？　『私らしい講座』なのに、自分で考えちゃいけないの？」と思われたかもしれません。もちろん、おおまかに考えるのはいいですが、そんなにいいものはできないからです。コピーライターというお仕事があるように、素人が見よう見まねで考えても、魅力的な講座名はなかなか浮かばないものなのです。

まずは世の中にある既存の講座名を書き出してみましょう。インターネットで検索などして、ぱっと見て気を引かれたものを書き出します。このとき、他業種のものもOK！　同業だと似通ったものになりがちですが、他業種だと言葉の組み合わせの参考にすることができます。

たとえば、あなたの講座のジャンルが英会話だとしたとき、「3カ月で痩せられる！　ダイエット秘伝術講座」というダイエット講座があったとしたら、「3カ月で話せるようになる！　英会話マル秘講座」などというふうに置き換えたり、複数の講座名をシャッフルすることで、魅力的な講座名にすることができます。

②数字を入れる

講座の信憑性を上げるには、数字を入れると効果的です。印象に残りやすいと言われているのは**1、3、5、7などの素数**です。「たった1つの」「3つの」「5日で」「7ステップ」などで使えます。

また、90日、3カ月という時間もリアリティが増す要素になったり、100より99などキリのいい数字より端数にすることで信憑性が増したりします。

また、経験や実績を数値化できないかを考えてみましょう。そして、その数値を別の数値に置き換えたほうが魅力的かどうかも書き出して比べてみましょう。たとえば、「1年で3000人施術」というのと「12カ月で3000人」というのとでは、どちらが魅力的な表現になるか、ということです。

数字を入れることで具体性が伝わり、信頼感が増します。みなさんも数値化できるものがないか、また数字をどんなふうに入れるかを考えてみましょう。

③専門性・権威性を出す

自分の講座に「専門性」「権威性」がないか、考えてみましょう。

専門性はその分野において専門的であるかということ。権威性は、自分の実績や経歴などの証明です。**「こういう経験があるからこれが言えます」「これまで何年（何人）の実績があります」**といった実績や経歴を示すことで信頼性が増し、「この人だったら受けたいかも！」と思ってもらえる要素になります。

このとき、「そんな大それたものは自分にはない」と思わないこと。自分自身の実績がまだないとしたら、自分ではない部分にフォーカスして、**「業界で唯一」「有名人のあの人も経験した」**といった書き方もできるかもしれません。

もし、ないならないで大丈夫！　自分の実績がついてきたら、順次書き加えていけばいいのです。講座名も進化につれ、ブラッシュアップしていきましょう。

④パワーワードを入れる

印象に残りやすい「パワーワード」を入れる方法があります。

たとえば、**「究極」「神」「伝説」「豪華」「真髄」「瞬殺」「唯一」**などのインパクトを与えるタイプのもの。また、**「簡単」「即」「速攻」「最短」「最速」**などの簡単さや、誰でも可能というイメージを与えるタイプのものなどがあります。

これらを意図的に入れることで、印象に残りやすくなる効果がありますので、どんな言葉を使えるか考えてみましょう。

⑤講座名の最後を工夫する

講座名をちょっとカッコよくする魔法は、講座名の最後にあります。講座名を考えるとき、最後の言葉を**「7つの法則」「5ステップ講座」「××習得講座」「××マスター講座」「××集中講座」「××養成講座」「××プログラム」「××メソッド」**などにすると、カッコよく締まりますよ。

⑥副題をプラスする

講座名に副題をプラスすることで、より魅力的な講座名になります。「ターゲットコピー」とも言われますが、この副題があるなしでは大きく与える印象が異なります。ターゲットが考えていることや、普段口に出して言っている言葉を使うと効果的です。つまり、ターゲットに向けて「あなたのことですよ」と訴えかけるフレーズです。

たとえば、ダイエット講座の場合、「大好きなケーキをもっと食べても痩せられたらいいのに」という呟きがあったとすると、「大好きなケーキを1日1個食べ続けても痩せたいと思っているあなたへ」という副題をつけることによって「私のことだ!」と興味をもってもらいやすくなります。ターゲットが普段、何気なくSNSで呟いている言葉が何かを思い出してみるといいでしょう。たとえば、こんな感じ。

「〜大好きなケーキを1日1個食べ続けても痩せたいと思っているあなたへ〜
前代未聞!　3カ月で痩せ体質になる、わくわくデザートダイエット講座」

ここに数字(3カ月)やパワーワード(前代未聞)、擬態語(わくわく)も組み込まれているのがわかるかと思います。このように、講座名はいろんな技を組み込んでつくっていきましょう。

⑦連続講座すべてにタイトルをつける

講座が何回かに分かれた連続講座の場合、「1回目・2回目」「初級・中級」などという分け方をするだけではなく、個別のタイトルをつけることをオススメします。

連続講座でなくても、単独講座として見ても「興味ある！」「知りたい！」「受けたい！」と思ってもらえるような名称を考えましょう。

先ほどの「わくわくデザートダイエット講座」が3回講座だとしたら、

「1回目　ダイエットの概念を打ち砕く！　痩せる脳に変化させる方法」
「2回目　食べたいものを書き出して3カ月後に3キロ落とす方法」
「3回目　未来の自分を想定してワクワク過ごして体重をキープする方法」

というような感じです。

気をつけたいNGパターン

つくった講座名は、一度声に出して読み上げてみましょう。読み上げてみることで、リズムや韻などがリアルに伝わってきます。

もし変だなと思ったら、1日寝かせて再考しましょう。何パターンもつくっていく中で、講座名がどんどん磨かれていくはずです。

講座名でNGなのは、「外国語にする」「専門用語を使う」です。おしゃれさやカッコよさを追求して英語やフランス語などの表記にしてしまったり、専門用語を用いることで、読み手に伝わらないことがあります。

外国語の表記は一見ステキに見えますが、「読めない」「意味がわからない」「検索に引っかからない」などのデメリットがあります。専門用語は、その業界にいると当たり前に使う言葉でも、普通の人は知らない場合も少なくありません。

また、一度考えた名称をネット検索してみることも大切。もしかしたら、すでに誰かに使われている表現かもしれません。

協会などの団体で使用されている言葉を個人で使う場合、協会に所属しているかどうかで使用許可が下りるかどうかも変わってきます。商標登録されているかどうかも、調べておきたいところです（経済産業省特許庁のホームページで商標検索できます）。

Lesson 7 価格を設定しよう

講座の価格をどうするか。これは悩まれる方が非常に多い印象です。

価格の決め方はさまざまありますが、**相場をざっと見て、だいたいどのくらいなのか？　そして、どのくらいの金額を手元に残したいのか？**がポイントです。

たとえば、6回で開催する講座だとしたら、何人の参加で、1回あたりいくらで、経費はいくらかかるのか？　経費を差し引いたときに、どのくらい手元に残るのか？

この計算をした時点で、まったく手元に残らないようなら考え直しです。

定員いっぱい集まった場合の計算だけをしていて、ふたを開けたら参加者が1人で大赤字……なんてことにならないよう、最少人数でもある程度の利益が出るように、あらかじめ計算と対策をしておくことがとても大切です。

とりわけ会場を借りる場合、参加者が1人でも、会場費は同じようにかかります。

開催すればするほど赤字が膨れ上がる、なんてことがないように気をつけましょう。

きちんと稼ぐための価格設定

講座の価格を決めるとき、「こんな価格つけて大丈夫かな」「こんなにいただいていいかしら」「先輩のあの人はもっと安く提供している」と不安になることだらけです。

そんなときは、**まずは相場を忘れて価格を出してみる**ワークをしてみてください。

先述の「わくわくデザートダイエット講座」を例にご説明しましょう。仮に自分で「3万円くらいかな」と想定したとします。

最初に、自分が提供できる内容をすべて出し尽くします。「あなたが得意だったこと」や「好きなこと」を今一度、見直してみてください。必ずヒントがあります。たとえば、「人をお世話するのが好き」だったら、「毎日LINEでダイエットの伴走型アドバイス」というメニューがつくれます。

そして、それぞれ講座の内容に組み込んでいき、価格をつけていきましょう。特典を用意してもいいですね。

【内容】

「わくわくデザートダイエット講座」３回×２時間＝６万円

個別相談３回×90分＝６万円

毎日ＬＩＮＥでダイエットの伴走型アドバイス＝３万円

【特典】

痩せるためのオリジナルレシピ20種＝３万円

応援し合えるＬＩＮＥグループ＝１万円

達成記念ランチ会ご招待＝５０００円

合計すると、19万5000円です。最初に想定していた3万円が「安すぎる！」と感じませんか？

相場を忘れて出し尽くしてみた価格の合計は、実際に販売する価格のおよそ3倍というのがひとつの目安。つまり、この場合、販売価格は6万円くらいに設定するといいでしょう。

実際の販売価格が、内容から見た価格の3分の1と考えると、「とてもお得！」「受講しないなんてありえない」という気持ちになってきます。

もし販売価格を10万円にしたいのだとしたら、内容と特典の合計金額が30万円くらいになるまで、メニューを濃くできないかを考えるといいですね。

逆に、どれだけ書き出しても価格が低くなってしまうことがあります。それは自分自身を過小評価している場合です。

よく思い出してみてください。あなたがその講座を開催しようとするまでに、その分野においてあらゆる投資をしてきていませんか？　合計してみると何十万、あるいは何百万円になっていませんか？　そう、あなたは十分、その価格を提供して大丈夫なのです。

価格設定で一番大事なことは、あなた自身が心の底から「これなら売ってもいい価格だ！」と腹落ちしていることです。自分で腹落ちしない価格だと、それが恐れとなり、表面上では「売りたい」と思っていても売れなくなってしまいます。きちんと価値を伝えて、自信をもってその対価を得ましょう！

プレ価格からスタートしてもOK

とはいえ、初めての開催は、内容に不慣れでもあるし、不安がつきまとうもの。そんな場合は、**「プレ講座」「初回限定価格」**などとすると、気持ちがちょっと楽になります。

たとえば、正規価格を6万円に設定したい講座の場合、プレ講座として初回限定価格4万8000円で提示します。

限定価格だからという理由でお申し込みにもつながりやすく、**早々に「満席」という結果もつくりやすくなります**。そうすると、次に正規募集する際に活用できる効果が期待できます。

モニターを募って、あえて無料で開催する方法もあります。赤字を最初から覚悟するということです。「経費」として最初から計上しておけば、気持ちも楽ですね。

モニターの場合は、ご感想をいただく、写真を撮らせていただくなど、次回につながるような工夫を考えましょう。無料を無料で終わらせない、ということです。

Lesson

8

時間を考えよう

1回あたりの講座を何時間の内容にするのか？　は、意外と重要なポイントです。開催の曜日や、連続講座のスパンによって、参加者にとって参加しやすいかどうかが決まってくるからです。

自分が伝えたい講座の内容を、その時間内におさめていかなければなりませんから、何時間の構成にするのか？　また、何回の講座の構成にするのかも考慮する必要があります。

平日開催なのか、週末開催なのか。時間帯は午前なのか、午後なのか。2時間なのか4時間なのかで、休憩を挟むかどうかも考えなくてはなりません。

連続講座なら、連日なのか、毎週か隔週か月に1回なのか。あらゆるパターンがありますよね。

参加者が受講しやすい時間を設定しよう

講座の時間は、あなたがどんな人に、どんな講座を開催したいのかによって変わってきます。

たとえば、会社勤めの方が対象なら、平日夜や土日になりますし、子育て中のママが対象なら、平日の午前がよさそうです。合計6回の講座の場合、毎週なのか月に1回なのかによって与えるイメージや講座の内容の習得具合も変わってきます。

参加してくださる未来のお客様のお顔を想像しながら、考えてみましょう。

プチアドバイスとして、月曜日は祝日と重なることが多いので、平日の日程で考えるときは要注意です。

また、幼稚園生のママが対象の場合は、地域によって早帰りの曜日があるため、「お迎え時間」を配慮した日程にすることをオススメします。

Lesson

9

会場を選ぼう

講座を開催する会場はおおまかに、**「自宅」「レンタルスペース」「公共施設」**があげられます。次ページを参考にしながら、それぞれのメリット・デメリットを比較して、自分だったらどこが開催しやすいかを検討して決めましょう。

会場を借りる場合は、いくつか自分で実際に足を運び、雰囲気や設備、アクセスをチェックしましょう。この場所がいいなと思っても、想像していたイメージと異なることもあります。

1つのチェックポイントとしては、先輩起業家が使っている場所を選ぶのもいい方法です。先輩起業家がその会場を選ぶだけのよさが、きっとあるはず。また、自分で実際に先輩起業家のセミナーや講座に参加して、受講生の立場からその雰囲気を直に

会場選びのメリット・デメリット

	メリット	デメリット
自宅	・コストがかからない ・道具などを使用する場合、持ち運びの必要がない ・講座後にお茶やお菓子を出しやすい ・インテリアなども自分の好きな雰囲気にすることができる	・立地が悪い場合がある ・自宅住所など個人情報の開示に気をつけなければならない ・お客様が来る前に掃除をする必要がある ・家族の予定に左右される
レンタルスペース	・駅チカなど立地を選べる ・設備が整っている ・管理人がいる場合、掃除などをしてくれる場合がある ・雰囲気がいい	・コストがかかる ・会場の予約が自由にとれない（先着順など） ・時間帯によって料金が異なる ・キャンセルチャージがかかる
公共施設	・コストがかからない ・地域に馴染んでいる ・公共施設で宣伝をしてくれる場合がある	・公共施設に準じた制限がある場合がある ・庶民的なイメージになる ・そもそも商用利用ができない

確かめてみると参考になりますよ。

自宅サロンの場合に気をつけたいこと

お掃除が行き届いているのは大前提ですが、手荷物の置き場を用意したり、コートや上着が必要な時期だとしたら、かける場所を用意したりといった気遣いも大切です。荷物は「どこに置けばいいのだろう？」と迷ってしまうものです。「このかごの中に入れてください」と言って、人数分の荷物かごを用意しておくなど、最初にアナウンスできるといいですね。

また、貴重品の扱いについてもお伝えするなど、参加者を迷わせないようにする工夫を考えましょう。

講師自身の身だしなみについてはChapter 5で触れますが、参加者はさまざまな角度から講師の情報を読み取っていますので、注意を払いましょう。

また、自宅を会場にする場合は、次の2点に気をつけましょう。

①生活感を消す

お客様の目に見えるところに生活感のあるものを出しておかないようにしておきましょう。こちらが思っている以上に、お客様の目には入ってしまうものです。

たとえば、家族のもの（写真や家族の持ち物）です。これを出しておくことで共感や親近感をもってもらったり、話題になるという点もあるので、一概に出さないほうがいいと言えない部分もありますが、玄関に家族の靴が出っぱなしだったりだとか、洗面所に歯ブラシが出ているなどは避けたほうがいいでしょう。

②非日常を演出する

せっかくお金を出してお越しいただだいているのですから、日常を味わってもらうのか、非日常のとっておきの時間を味わってもらうのか、あなたの講座の設定しだいで工夫しましょう。

たとえば、お茶をお出しするというときにも、お客様専用の食器を別で用意しているのか、テーブルクロスを講座用に変えているかといった「日常との差別化」をすることで、参加者が「私をもてなしてくれている」と感じてくれます。

レストランでわざわざ食事をするのは、お食事がおいしいということだけではなく、扉を開けて店内に入った瞬間から、その空間や、そこで過ごす時間も含めて「価値」になっているはずです。


インテリアや調度品などに気を配ったとしても、生活感が垣間見えてしまうことで、せっかくの演出も台無しになることがあります。隅々まで、気を配りましょう。

講座のイメージに合う立地を選ぼう

レンタルスペースや貸し会議室を利用する場合、立地はとても重要です。せっかく費用を出して借りるのですから、**立地にもこだわりましょう**。

公共交通機関を利用する場所であれば、路線は何があるか？　乗降利用者数はどのくらいか？　路線数はいくつ通っているのか？　駅からの距離は遠すぎないか？　わかりやすい道順でたどり着けるか？　建物はわかりやすいか？　入り口は速やかに判断できるか？　など、チェックポイントはたくさんあります。

また、**どの最寄駅をセレクトするかによって、講師のイメージも左右されます**。たとえば、渋谷と秋葉原だとしたら、駅の持つイメージは異なります。会場の立地が講師の世界観にも通じてしまうことがあるので、そういった意味でも場所の選択は重要であると言えます。

「インスタベース」「スペイシー」「会議室ドットコム」などで検索してみると、お好みのレンタルスペースや会議室がたくさん出てきます。最近はマンションの一室をリノベーションしたスタイルも多く、安価で借りられる場所も増えてきています。

その他、車でお越しになる場所であれば、駐車場の確保は何台か？　コインパーキングが近くにあるか？　コインパーキングの価格は1時間あたりいくらか？　なども事前に確認し、お伝えできるようにしておくことで、参加者の不安をなくせます。

Lesson 10

オンラインで開催しよう

Chapter 1でもお伝えしたように、今やオンライン開催花盛り！　自宅や会場などリアルの場所で開催するのが当たり前だった講座も、オンライン化することで新しいテーマや、受講生との出会いが生まれますよ。

今はパコソンがなくても、スマホやダブレットの画面でも受講ＯＫ。気軽にどこからでも講座に参加できる時代となっています。

オンライン開催というのは、受講者側のメリットもたくさんあります。遠く離れた場所の憧れの先生のレッスンを受講できるのは、オンラインのメリットです。しかも、移動時間や交通費などの負担も大きく減らすことができます。出かけるとなれば、それなりの身なりの支度も必要ですし、往復の時間も交通費もかかってきます。時間帯

	メリット	デメリット
オンライン	・場所を選ばない ・時間や移動時間が短縮できる ・場所代がかからない ・受け手はスマホでも受講可	・受講者側のITリテラシー度 ・Wi-Fi環境 ・ツールの使い方への抵抗 ・リアルほどの距離感がもてない

によっては、昼食代やお茶代もかかるかもしれませんね。それらが一切不要なのです。

また、特にお子様連れの場合、会場まで連れて行くのにも一苦労ですが、オンラインで受講できるとなれば、ミルクやおむつ、おやつ、着替え、おもちゃなどの出かける準備をしなくてもよく、公共交通機関で苦労して移動するストレスもなくなります。

これまでは、子どもの機嫌が悪くなったら、会場の外に連れ出すなど気を使っていましたが、オンラインでの参加だったら、「音声オフ」モードの可否を事前に決めて伝えておけば、ＯＫ。子育て中のママにとってオンラインは強い味方といえます。本来、自宅に引きこもって外部との接点が断たれてしまいがちな育児中に、世間と自由につながれるというのは、大きなメリットです。

開催の時間帯においてもメリットがあります。これまでは絶対にありえなかった時間帯での開催も可能なのです。リアルであれば、お昼間の時間帯や、夜であっても遅くとも21時頃には終了というのが普通でしたが、オンラインなら21時スタートという講座もあります。「終わったら即、就寝」が可能です。

画面オフがOKであれば、お化粧を落とした後のスッピンでも気兼ねなく参加できるというメリットもあります。逆に早朝の場合も同様ですね。

このように、受講者側にもメリットだらけのオンライン開催。受講する立場になって考えると、いろいろアイデアが出てきます。

ポイントは、**主催者側のメリットを考えてオンラインに切り替えるのではなく、受講者側の立場に立って考えること**。「リアル開催ができなくなったから、オンライン」という自分目線だけで開催すると、「この講座をオンラインで受けると、どんないいことがあるの？」ということが、受け手に伝わらないからです。「こんなオンライン講座があったら、喜ばれる！」という、お客様目線の講座づくりを目指しましょう。

オンライン講座の基本ツールはＺｏｏｍ

オンライン講座を開催するときに、よく使われているのが「Ｚｏｏｍ」というビデオチャットツールです。パソコンやスマホにアプリをダウンロードするだけで、無料で世界中の人とオンライン上でビデオ会議をすることが可能です。

新型コロナウイルスによって自粛生活を余儀なくされる中、Ｚｏｏｍを使い始めたという方も少なくないでしょう。オンライン飲み会、オンライン帰省なども、Ｚｏｏｍでやったことがあるという人もいらっしゃるのではないでしょうか。

私自身、ミーティングはすべてＺｏｏｍに頼っています。今では一日中自宅にいて、Ｚｏｏｍで1日何人もの方と打ち合わせをしたり、講座を開催したりという日も。

とはいえ、いざＺｏｏｍで講座をはじめようとなると、初めてのことに戸惑う人も少なくありません。まずは、自分がいろんなオンライン講座に参加して、慣れてみることが一番の近道です。何度か参加してみると、「ここ取り入れてみよう」「これはしないほうがいいいな」など、オンライン開催ならではの視点でみることができるようになりますよ。どんどん参加してみましょう。

私が参加していいなと思ったのは、「**ブレイクアウトルーム**」という機能。複数人数での参加の場合、小人数の小部屋に振り分けることで、リアル講座のディスカッションタイムのような使い方ができます。一方的な講師側の講義だけにならず講座にメリハリをつくることができ、受講者同士のつながりも生まれます。

また、オンライン講座が苦手……と思うのは、受講者側も同じ。オンライン講座を開催するときは、**事前にＺｏｏｍの使い方について連絡しておく**といいですね。たとえば、「Ｚｏｏｍを初めて使う方へ」と、使い方マニュアルを作成してお渡しするとか、事前にＺｏｏｍの使い方練習の時間を設けるなどです。

よくある質問としては、

・声が聞こえません

・声の出し方がわかりません
・スマホからだと参加の仕方がわかりません
・顔出しの方法がわかりません

といったことがあります。

あらかじめオンライン受講のハードルを低くして、安心して参加できるという状態にもっていくことがとても大切です。

その他、スマホで受講する場合は、長時間Ｚｏｏｍにつないでいるとバッテリーがなくなるのが早かったり、充電しながらだとスマホが熱をもってしまうこともあります。また、Wi-Fi環境が弱いと、途切れ途切れに聞こえてしまったり、画面が固まってしまうことも。マニュアルには、そうした受講する環境についても補足を入れておくことをオススメします。

なお、最近はこれらの問題点を丁寧に無料で解説してくれているサイトも充実しています。自分でマニュアルをつくらずとも、そうしたサイトのＵＲＬをご案内するのもひとつの対策だと言えます。

Lesson

11

大事なのはパーフェクトにしないこと

ここまで、講座をつくっていく際のさまざまなノウハウをお伝えしてきました。ですが、実はこれが一番大事かも！　ということをお伝えします。

それは、**完璧なものをつくってから出そうとしない**こと。

いろんな知識が入れば入るほど、完璧な講座をつくってからじゃないとリリース（発表）できないと考えがち。講座の内容をきちんと煮詰めてから、資料を作成してから、1回目から最終回まで練習してから……と完璧を目指すことは避けましょう。

おおよその内容を考えることができた段階で、まずは世の中に発表しましょう。「そんなこと、怖くてできません」というご意見もありそうですが、完璧にしてからリリースするのは、実はとても危険なこと。**見切り発車くらいでちょうどいい**のです。

なぜなら、完璧なものを仕上げたと思ってリリースしたのに、誰からも反応がない……ということも、なきにしもあらずです。まずはちらっと出してみて、ターゲットの反応を見て、それから微調整をしていけばいいのです。

もうちょっとここをこうして、もうちょっと練習を積んで、もうちょっと、もうちょっと……とつくり込んでいるうちに、だんだん「あれ、なんだか方向性が変わってきてしまった」「これが本当にやりたかったのかな」「流行が変わってしまった」なんてことも起きかねません。

そうすると、また一からつくり直しです。結局のところ、完璧を目指していると、時間ばかりがすぎてしまい、機会損失を招いてしまうことがあるのです。

お茶会を企画してみよう

自分のやりたい講座のネタがかたまってきたな、と思ってきた段階で、お茶会を企画してみるのもオススメです。

お茶会はとてもリアルなニーズ調査の場。オンラインお茶会でもいいと思います。

SNSのフォロワーさんやお客様に、ニーズ調査をしたいネタについて、「興味ある人、いますか？」と軽く呟いて反応を見てみましょう。

まずは、会費などはとらずに無料で開催してみてください。その場を楽しむというくらいのレベルでOKです。「気張らず、軽く」が合言葉。そうすると、そのテーマで話をしたい人、みなさんのことを応援したい人などが集まってきますよ。

リアルでお茶会をするときは、集まる場所のセレクトも重要。「そこ行きたい」「行ってみたかった」という場所選びをすると、それを理由に参加してくれる方も出てきます。それだとターゲットと異なる人が来てしまうのでは？ と感じたかもしれませんが、気にしなくて大丈夫！ みんなが集まっている様子をSNSにアップすることも、次の行動に役立つことになります。

「人が集まった」という事実をつくることは、とても大切。リアルなニーズ調査も兼ねつつ、「こんなふうに開催しました！」と発信していきましょう。そのためにも、楽しそうな集合写真を撮ることも忘れないようにしましょう。

ニーズ調査のポイントとしては、**その場で交わされる参加者の方たちの会話に注目すること**。自分がどんどん話すというよりは、みなさんが話している内容に耳を傾けます。そうすることで、講座の参加者に近い方たちのニーズが聞こえてきます。

時には、自分が想定していたことと異なるニーズがわかることもあります。「こんな講座をやろうと考えているんだ」と話してみて、その案に遠慮なく意見をもらうこともお忘れなく。実際に開催してみて、ニーズとのマッチングが起こっていない講座をつくってコケてしまうよりは、この時点で「外部の声」に耳を傾けるようにしておいたほうが賢明と言えます。

ただし、**あれもこれも意見を聞きすぎてしまうことも要注意**。たとえば、「講座の価格が高すぎる。もっと安くしないと来ないよ」と言われて、低価格に変更したとしても、意見を言ってくださった方は収入の責任はとれません。あくまで意見としてありがたく頂戴しつつ、自分の押さえたいところは大切にしましょう。

私が初めて開催する講座のテーマをお茶会という形で開催したときは、想像していたよりも集まってくださり、これからそのテーマで活動していく弾みになりました。

なお、私がお茶会を開催する前には、同業のお茶会に参加し、その様子を体験してみました。こんなふうに開催し、こんな内容の話をしているということを体験することで、自分の講座を開催することに踏み切れました。

最初にリリースする日を決めてしまう

一番の解決方法は、「**講座が未完成なうちに、リリースする日を公に発表して、後戻りできないようにする**」です。そうすると、ああだこうだと思考に縛られて、なかなかリリースできないままお蔵入りしてしまうといった事態を防げます。

また、その日に向けて完成させよう！　というモチベーションにもなります。出来上がってから発表では、いつまでたっても自分で決めきれないものです。自分の心の中だけで決めるのではなく、公に発表してしまい、後戻りできない状態に自らをもっていきましょう。

机上で完璧を目指すのではなく、実際に世の中に出して「テスト」を繰り返しながら進めていくほうが、よっぽど完成度が高いものができます。さあ、完璧主義を手放しましょう。

Chapter 3

理想のお客様で満席になる！集客の最短ルート

Lesson 1

SNSを使った集客4つのステップ

講座ができたら、「講座を売る場所」を決める必要があります。商品があっても、売る場所や方法が決まっていなければ、いつまでもお客様に出会えません。

そこで必要となるのが「**集客の仕組み化**」です。仕組み化をせずに集客すると、痛い目にあってしまいます。

「仕組み化」と言っても、複雑なことではありません。

人が商品を購入するときには、4つのステップがあります。「**認知→興味・関心→比較・検討→購入**」という流れです。この4つの段階を「ファネル（漏斗）」に例えて表されることがあります。

ファネルとは、お醤油などを口の小さな瓶に移し替える際にこぼれないよう注ぎ口に入れる道具で、逆円錐形をしています。

4つのステップをたどって、一番下の「購入」に行き着きます。

「認知」の段階は、「**潜在顧客**」といって、まだ商品に関心もなく商品をただ知っているというレベルで、一番人数が多い段階です。

そこからどんどん「興味・関心」「比較・検討」「購入」と進むにつれ、必然的に人数が少なくなっていきます。

講座のことを知ってくれたすべての人が購入してくれたら一番うれしいですが、実際はそのようにはいきませんよね。実際は、ファネルの下に行けば行くほど人数が少なくなります。

この4つのステップで集客の流れをつくり、仕組み化していきます。

ここで大切なのは、「順番」です。このステップを順に行っていくことで、お客様が「あなたの講座を受けたい」とお申し込みくださるようになります。

①「プル型ツール」で潜在顧客と出会う
②「プッシュ型ツール」で見込み客と出会う
③「お試し商品」を体験してもらう
④「本命商品」を購入してもらう

①と②は、主にSNSのツールを使用しますが、その役割がまったく異なります。「プル型ツール」というのは、**お客様のほうから探しに来る**ツールです。具体的には、**Instagram、Facebook、Twitter、YouTube、ブログ、ホームページ**などでの発信となります。

プル型ツールでは、「なにか、いい情報ないかな？」とSNSを眺めている未来のお客様に対して、自分の存在や想いを知ってもらうような発信をします。そこで興味・関心をもってもらってファンになってもらい、次のステップである「プッシュ型ツール」に移行していきます。

プッシュ型ツールは、たとえば、**メールマガジン**や**LINE公式アカウント**があります。

プル型ツールとプッシュ型ツール

潜在顧客と出会う プル型ツール	見込み客と出会う プッシュ型ツール
・Instagram ・Facebook ・Twitter ・YouTube ・ブログ ・ホームページ	・メールマガジン ・LINE 公式アカウント
お客様のほうから、みなさんの媒体を探しに行くもの	お客様に向けて情報をダイレクトに届けることができる

みなさんも経験がないですか？「この情報がもっと知りたいから、メールマガジンに登録してみよう」「LINE公式アカウントに登録すると、もっといいことあるかも」と登録されたことが。登録すると、登録先から定期的に情報が届きます。この登録先からお客様に向けて、**情報をダイレクトに届けることができる**ツールがプッシュ型です。

情報をダイレクトにお届けしていく中で、さらに興味・関心が高まり、信頼性が深まっていきます。そうなったら、③の「お試し商品」のご案内になります。「比較・検討」の段階ですね。

お試し商品を体験して、④の「本命商

品」の購入の検討に至ります。これがＳＮＳを使った集客４つのステップになります。

集客のステップは恋愛と同じ

もしかしたら、少し難しく感じてしまったでしょうか。これを「恋愛」に置き換えてみると、理解しやすいですよ。

みなさん、恋愛のスタート時を想像してみてください。

たとえば、出会いを求めて合コンに行ったとします（プル型）。会がお開きになるときに、ちょっと気になる異性がいたとしたら、どんな行動になりますか？　そう、連絡先の交換ですよね（プッシュ型）。そして、連絡先を交換したら、その連絡先を使ったやりとりがはじまります。

やりとりが繰り返されていくうちに、「じゃあ、ご飯にでも行こうか！」とデートの約束をします（お試し）。そして、実際に会ってみて、やっぱり相性もよさそう！と思ったら、お付き合いに発展します（本命）。

この通り、ＳＮＳを使った集客４つのステップとまったく同じなのです。

お客様が購入するときの4つのステップ（ファネル）

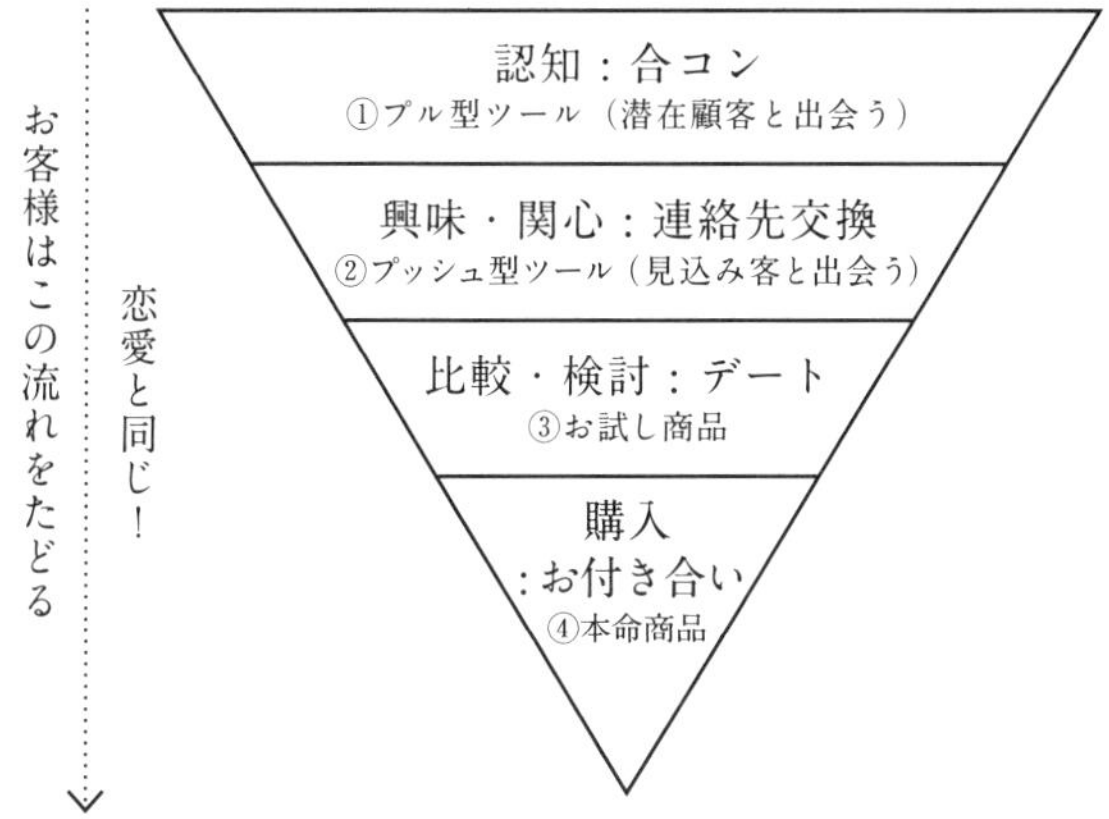

①の場面でいきなり「お付き合いしましょう」となるのは、確率としてかなり低いことが想像できるかと思います。むしろドン引き！　ではないでしょうか。実はこれ、自分の募集のシーンでやってしまっている可能性大なので要注意です。

たとえば、ブログやFacebookなどのプル型ツールで、「この商品どうですか？」「この講座の募集中です」といった宣伝を書くのは、「ドン引き行為」に等しいと言えます。

たまたま訪れたブログやSNSツールの投稿で、まだ信頼関係も構築されていないのに、商品を売り込まれたらどう思いますか？　あなたのことをよく知らないのに、「付き合ってください！」と言われているようなNG行為だと気がつくはずです。

順番を守りつつ、あなたの「想い」「価値観」「人となり」を発信して、あなたという人間を伝えていきましょう。

集客は、商品から逆算して考えていくことでうまくいく

SNSの使い方を学びはじめると、多くの場合、テクニックやフォロワーの増やし方に意識が向いてしまいます。SNSの使い方に慣れるのは大切ですが、大事なのは「誰に」「何を」「どのように」の順番でしたね。

この大原則とお客様の購入までの流れを把握したところで、最初に着手すべきはどの段階になるでしょうか？

お客様は「認知」からスタートするのだから、「認知」活動からはじめるべきでは？　と思う方が多いのですが、実際に着手するべき順番は、ファネルの一番下の「購入」からになります。つまり、**「商品の内容をつくる＝講座内容をつくる」ことか**

ら着手していくのが正しい順番になります。

商品があるからこそ、その商品をどうやって「比較・検討」してもらい、どうやって「興味・関心」をもってもらったらいいのか？　お客様が「購入」に至る流れとは逆方向に着手していきます。

講座づくりで言うならば、講座の内容が決まったら、「比較・検討」してもらえるように体験講座を開催し、体験講座に参加してもらえるように「興味・関心」をもってもらえるような発信をして、「認知」につなげていきます。

ところで、今、私が「もらえるように」という言葉を多発しているのに気づきましたか？「もらえるように」ということは、自然にそうした流れになるということ。

つまり、これが仕組み化です。スムーズに、まるでファネルの中を通るがごとく、「購入」までたどり着くのです。

Lesson 2

どのSNSを使うか決めよう

では、集客の仕組みがわかったところで、どのSNS（プル型ツール）を使えばいいのだろうと考えてしまいますよね。そして、どのように使えばいいのかも悩ましいところ。

SNSは慣れるまで時間がかかりますし、いきなり募集をしてもお客様は集まりません。そのため、募集開始前、講座をつくりはじめるのと同時に、SNSでの発信をはじめることをオススメします。

SNSというのは、ソーシャル・ネットワーキング・サービス（Social Networking Service）の頭文字をとったもの。たとえば、Instagram、Facebook、Twitter、YouTube、最近出てきたClubhouseなどがこれにあたります。

インターネットを介し、自分で発信する場として、今や当たり前に浸透しています。コミュニケーションツールとして、切っても切れない存在ですよね。

このSNSツールを使って、**お客様候補となる人々とコミュニケーションをとりながら発信していく**ことで、「あなたという存在」や「考え方」を知っていただき、興味・関心をもってもらい、ファンになってもらう……という流れになります。人は知らない人からモノを買うことはありません。

私たちが自分の講座について伝えていくためには、「発信」が今や必須の時代です。お金をかけて広告を打ったり、誰かに「あの人の講座がいいよ」と言ってもらうのを待つのではなく、自ら発信していきましょう。

これはとてもラッキーなこと！　20年くらい前は、まだこんなにSNSで発信！という時代ではなく、アナログなものに頼るしか方法がありませんでした。

今は、誰でも自分の発信ツールを気軽に使える時代。**発信することで自分の想いや考え方、大切にしていることを伝える術をもっている**のです。

その発信を見てくれた人が「会いたい」「共感する」と思ってくれ、あなたに会いに来てくれるという現象が起こるのです。まずは「講座の内容」の前に、「あなた」に興味をもってもらうことからスタートしましょう。

SNSというと、ちょっと逃げ腰になってしまう人もいますが、大丈夫！ そんなに難しく考えなくてOKです。

大切なことは、**まずは何はともあれやってみる**ということ。発信したことがない人にとっては未知の世界で、なんだか怖い、何か言われたら、反応がなかったら……などと考えてしまいがちですが、心配はご無用です。

なぜなら、残念ながら今のところ、あなたの発信は誰も見ていない、読んでいない、あなたのことを知らない、という状態だからです。安心して初投稿をしてみてくださいね。

自分に合うツールを選ぼう

発信といっても、Instagram、Twitter、Facebook、ブログ、YouTube……どのツ

ールを使ったらいい？　というのはお悩みどころだと思います。ここでは簡単に、その特徴をお伝えしましょう。

- **Instagram**……世界観重視で、主に写真や画像を中心に発信するツール。ハッシュタグによる検索や24時間で消えるストーリー機能、リールという短い動画によってファン化していく。拡散力が低いため、フォロワー数を伸ばすことで発信が届く範囲を広げていく。
- **Twitter**……１４０文字以内の文章で呟くツール。画像や動画も使える。リツイート機能で拡散していく。場合によっては「バズる」可能性も。
- **Facebook**……実名を使って発信するツールで、信頼度が一番高い。「いいね」やコメントによって拡散していくコミュニケーションツール。ＬＩＶＥ配信も人気。
- **ブログ（アメブロ・ワードプレス・noteなど）**……自分の伝えたいことを文章と画像によって投稿していく。長文で伝えられるため、ファン化に最適。情報が資産として蓄積されていく。Google 検索対策にもなる。
- **YouTube**……動画を見てもらうことでファン化がしやすい媒体。動画が資産として蓄積されていく。チャンネル登録数、視聴時間、視聴回数を伸ばしていくことで媒体が強化される。

どのツールが自分に合っているか、まずは試してみるといいですね（随時、仕様変更などもあるので、チェックしながら使っていきましょう）。写真が得意、文章が得意、コミュニケーションが得意。あなたに合いそうなツールを選んでみてください。

そして、どれか1つを決めたら、徹底的にやってみることがオススメです。あれもこれも、まんべんなく使うというよりは、**「一点突破！」のほうが結果が早く出やすいです。**

集客がうまくいかない人の特徴として、あれもこれもと中途半端に手を出している傾向があります。やみくもに手を出さないよう気をつけてください。

ずっと発信し続けていくことが大事

発信に慣れるためには、継続して使っていくのが一番効果的です。最初はよくわからずに発信している時期があるかもしれませんが、続けているうちに、ツールの使い方や発信のコツ、ユーザーの雰囲気などに慣れていきます。

慣れてきたら、どんどん自分が伝えたいことを発信できるステージに入っていきます。先ほどもお伝えした、自分の想いや考え方、大切にしていることを盛り込みながら発信をしていきます。

すると、「共感しました」とか「それいいですね」などコメントがついたり、また、こちらからも「それ、かわいいですね」「楽しそうですね」などの反応をしていくことで交流が生まれ、しだいにあなたのファンがつくようになりますよ！

Lesson 3

メールマガジンやLINE公式アカウントで見込み客を集めよう

前項でお伝えした通り、プッシュ型ツールには、主にメールマガジンやLINE公式アカウントがあります。集客の4ステップにおいても欠かせない存在です。

先ほど、プッシュ型ツールの役割を「連絡先の交換」とお伝えしました。この交換相手のことを、「**見込み客**」と言います。

見込み客とは、自分の商品に興味・関心があり、購入の可能性があるお客様のこと。この見込み客が多いと、直接、自分の商品を伝えることができるので、お申し込みへの確率が高まります。この「見込み客」を増やしていくことが、「満席講座」にするための最重要ステップなのです。

先ほどは恋愛の例でお話ししたので、本命相手は1人見つけられたらいいことになりますが、講座の集客の場合は、たくさんの方からのお申し込みがほしいですよね。それには、プル型ツールを介して、たくさんの方（潜在顧客）をプッシュ型ツールへと誘導し、そこで登録してくれる「見込み客」を増やしていくことが大きな要だと言えます。

では、どうやって登録していただくのか？　ということなのですが、「この情報がもっと知りたいから、メールマガジンに登録してみよう」「LINE公式アカウントに登録すると、もっといいことあるかも」という動機をより強いものにするために、**「無料プレゼント」**を用意します。

無料プレゼントの代表的なものは、メールマガジンやLINE公式アカウントのステップメール、動画、PDF、音声、小冊子、電子書籍などです。

これらを用意して、登録したくなる「口実」をつくっていきます。ポイントは、**有料級のものを無料でプレゼント**です。今や情報はあふれかえっていますし、検索で調べたらすぐに情報が出てくる時代。そんな中で「あなたにしか語れないもの」をプレゼントとして考えてみてください。

メルマガとLINE公式アカウントのメリット・デメリット

	メリット	デメリット
メルマガ	・長文を送ることができる ・頻繁に配信しても嫌われない ・メールアドレスを取得できる	・到達率が低く、迷惑メールに入ることがある ・メール離れ ・有料ツールが多い。無料は広告が入る
LINE公式アカウント	・到達率100% ・スタンプなどコミュニケーションがとりやすい ・利用者が多い ・1アカウントに対し月1000通無料で配信可 ・「リッチメニュー」「リッチメッセージ」など訴求効果の高い機能がある	・1配信500文字まで ・「1：1トークモード」にならないと、誰が登録しているか不明（リストの獲得が不確定） ・頻繁に配信するのとブロックされる

メルマガとＬＩＮＥ公式アカウントは、それぞれの特徴に応じて使い分けると効果的です。

自分の営業マン代わりになるステップメール

無料プレゼントのうち、ステップメールについて、詳しくお伝えしていきましょう。ステップメールは、メールマガジンの登録者に対して送ります。

メールマガジンは、登録していただいたメールアドレスに一斉に情報を配信できるシステムです。略して「メルマガ」とも言います。

このシステムを使うには、メールマガジン配信会社と契約する必要があります。無料で使用できるものから、月額で配信料を支払う有料のものなどさまざまです。配信会社はいろいろありますので、どこが自分に合っているのかなどを調べてから決めましょう。なお、無料で使えるものは「広告」が入ってくるものが多いので、そのあたりも含め、無料なのか有料なのかを決めましょう。

いくつかオススメを書いておきます。

・無料……まぐまぐ、リザーブストックなど
・有料……リザーブストック、オートビズ、アスメル、マイスピーなど

メールマガジンの機能のひとつが、「ステップメール」です。

これは、メールマガジンがその都度、1通ずつ送るものであるのに対して、ステップメールは事前に複数通をシステム上に設定することにより、登録された方に自動で複数回にわたり配信するシステムです。

たとえば、5通のメールを毎朝8時に配信するように設定しておいたとすると、4

月1日に登録された方へは、翌日の4月2日から毎朝8時に自動でメールが配信され、4月6日にステップメールが終了するというシステムです。

ステップメールは何通でも設定可能で、365日配信する設定も可能です。設定した日数分、「日中深夜問わず働き続ける営業マン」を雇ったと同じことになるのです。とても頼もしいですよね。

とはいえ、無料プレゼントの場合、まずは気軽に受け取れ、すぐに実践できそうな内容のものがちょうどいいでしょう。

これまで、ステップメールはメールマガジンのみでしか設定できませんでしたが、2021年よりLINE公式でも配信可能となりました（「Lステップ」「かんたんLINE」ステップなど有料サイトとの連携でステップを組むこともできます）。1配信500文字の制限があるため、動画や音声の配信にすることで登録者の方に濃い情報を届けることが可能です。

注意点は、「月1000通まで無料」というLINE公式のサービスが、ステップ配信でもカウントされてしまうことです。

次から、ステップメールのつくり方について詳しくお伝えしますが、LINE公式アカウントのステップLINEについても同様の考え方でOKです。

本命につながるステップメールのつくり方

ここで、ステップメールのつくり方について簡単に説明します。

ステップメールの構成方法は1つではありませんが、今回は、「**本命講座の濃縮版としてつくる**」方法をお伝えしますね。

Chapter 2で、講座の「ゴール設定」をしていただいたかと思います。講座のゴールに向かって、どのようなステップを踏んでいくのかを書き出し、構成していきましたね。ステップメールはその枠組みと同じような構成でつくっていきます。

構成を書き出したら、各ステップメールのタイトル出しをしていきます。たとえば、子育てのイヤイヤ期を乗り越える講座が本命講座で、5通のステップメールをつくる場合、こんな感じです。

1通目　我が子を思わず「かわいくない」と思ってしまったとき
2通目　イヤイヤ期を理解する
3通目　イヤイヤ期の快適な乗り越え方
4通目　泣きたくなるほどの感情に襲われたとき
5通目　パパの協力や理解を得る方法

これらのタイトルにそって、文章を書いていきます。

他には、自己紹介や実際のお客様の声、自分自身の経験談があればその変化などを記載するといいでしょう。

最後に、ステップメール自体のタイトルをつけて完成です。たとえば、今回の場合ですと、「**イヤイヤ期をスルッと乗り越える5日間無料メール講座**」というような感じです。


なお、配信会社のシステムに設定したら、実際に自分でも登録をしてみて、配信の確認をしてください。誤字脱字はないか、文章の改行は適切か、文字数は多すぎず少なすぎず、最後まで淀みなく読める内容か、専門用語を使いすぎていないか、など改めてチェックしましょう。

具体的に言うと、メルマガの場合、20文字以内で改行。1文書いたら、2行スペースをあけるといいでしょう。だいだい2000文字前後が伝えたい内容を盛り込みやすく、かつ読みやすい分量です。

Lesson 4

講座のランディングページをつくろう

講座の内容が決まり、見込み客も集まりはじめたら、いよいよ募集開始です！　そのときに必要なのが「**ランディングページ**」です。

ランディングページとは、直訳すると「着地するページ」という意味。つまり、みなさんの講座を告知していく中で、最終的に着地していただくページのことです。頭文字をとって「エルピー（ＬＰ）」とか、「ランペ」と言う場合もあります。

ランディングページの特徴は、お客様が最終的にたどり着くページなので、すべての情報が掲載されていること。そのため、縦に長いページになります。

ランディングページの目的は「お申し込み」「お問い合わせ」なので、外部サイトや他のページへのリンクがないのも特徴です。

ここが、ホームページやECサイトとの違いになります。ホームページやECサイトも「お申し込み」や「お問い合わせ」が目的となりますが、他の商品のページにも飛べるようになっていたり、関連SNSツールに飛べるようになっていたりと、出口が多くなっています。

それに対し、ランディングページは「お申し込み」「お問い合わせ」など、お客様にとってほしい行動へと一直線になっています。

ランディングページをどのようにつくっていくかというと、次のような方法があります。

・ブログの記事

お手軽ですが、外部リンクや他商品に飛んでしまうことも。

・Facebook イベントページ

参加予定者とのやりとりができる他、フォロワーにも表示されます。デメリットは、画像アピールがカバー写真のみであること。

・ホームページ作成ツール（「ペライチ」「Wix.com」「Jimdo」「ワードプレス」など）

これらはいずれも基本的には無料で、お手軽に利用できます。ホームページ作成ツールは、特別な専門知識がなくても比較的カンタンに作成できますよ。

・セミナー無料掲載サイト

セミナーの無料掲載サイトの代表的なものとして「セミナーズ」「こくちーず」「ピーティックス」などがあります。それぞれ掲載は無料ですが、手数料などがかかる場合があるので、各サイトで調べてみてください。

その他、外部発注をしてクオリティの高いものをつくってもらう方法もあります。その場合、相場が最低でも10万円～になります。今回は、後ほど「ペライチ」を使ったつくり方をレクチャーしていきますが、初心者でもカンタンにつくることができます。

ランディングページに必要な情報とは？

ランディングページに必要な要素

① ターゲットコピー
② キャッチコピー
③ 悩み訴求
④ ベネフィット
⑤ 講座説明
⑥ お客様の声
⑦ 講師プロフィール
⑧ よくある質問
⑨ 講座詳細
⑩ 申し込みフォーム

講座の募集のときに必要なランディングページの要素は、次のようなものがあります。必要な要素を組み入れていけば、誰でも完成できますよ！

①ターゲットコピー

こちらは、Chapter 2で考えましたね。たとえば、「○○で悩んでいる○○さんへ」といったものです。

②キャッチコピー

こちらもChapter 2で考えたものです。たとえば、「○○になれる○○講座」といったものです。

③悩み訴求

「こんなお悩みありませんか？」と問いかけ、5つくらいの「あるある」なお悩みを箇条書きにしていきます。

④ベネフィット

「メリット（商品のよさ）」と混同されがちですが、そうではありません。ベネフィットとは、「この商品を得ると、購入者にとってどんないいことがあるのか？」という内容になります。

③のお悩みに呼応する形で、「こんなふうに解決できます！」と、お悩みを解決した後に得られるものについて、同じく箇条書きにして書きます。

⑤講座説明

講座の内容の説明文を入れます（特典があれば、明記します）。なぜ、この講座が必要なのか？　どんな人のために用意したのか？　他とどう違うのか？　この講座をつくった想いなどを盛り込みます。

⑥お客様の声

これまでいただいたお客様の声を3〜5名様分、入れましょう。可能なら、顔写真や年代なども掲載すると信憑性が出てきます。お客様の声がない場合は、モニターなどでお声をいただいておくといいですね。

⑦講師プロフィール

あなた自身のプロフィールを書きましょう。実績や人柄、この講座に対する想いなどをわかりやすく書きましょう。

⑧よくある質問

Q&Aコーナーとして、いただいたことのあるご質問や、あらかじめ質問されそうな内容を想定して書きます。

⑨講座詳細

開催日時、場所、持ち物、キャンセルチャージ、金額を明記します。お客様が不安に思ったり、迷ったりして追加の質問をいただいたりすることがないよう、必要な情報を漏らさず明記します。

⑩申し込みフォーム

お申し込みしていただくための申し込みフォームをつけます。②キャッチコピーの下にも入れておくといいでしょう。自動返信メールもお忘れなく（詳しくは次項）。

これら10の要素を、この順番にそって組み込んでいけば、ランディングページの出来上がりです。

次ページは、ペライチ（https://peraichi.com/）でつくったランディングページの例です。1アカウントにつき1ページが無料で作成でき、テンプレートもたくさんあります。詳しい使い方は、練習用動画などもあるので、参考にしてみてください。誰でも感覚的に仕上げることができるので、オススメです。

ランディングページの例

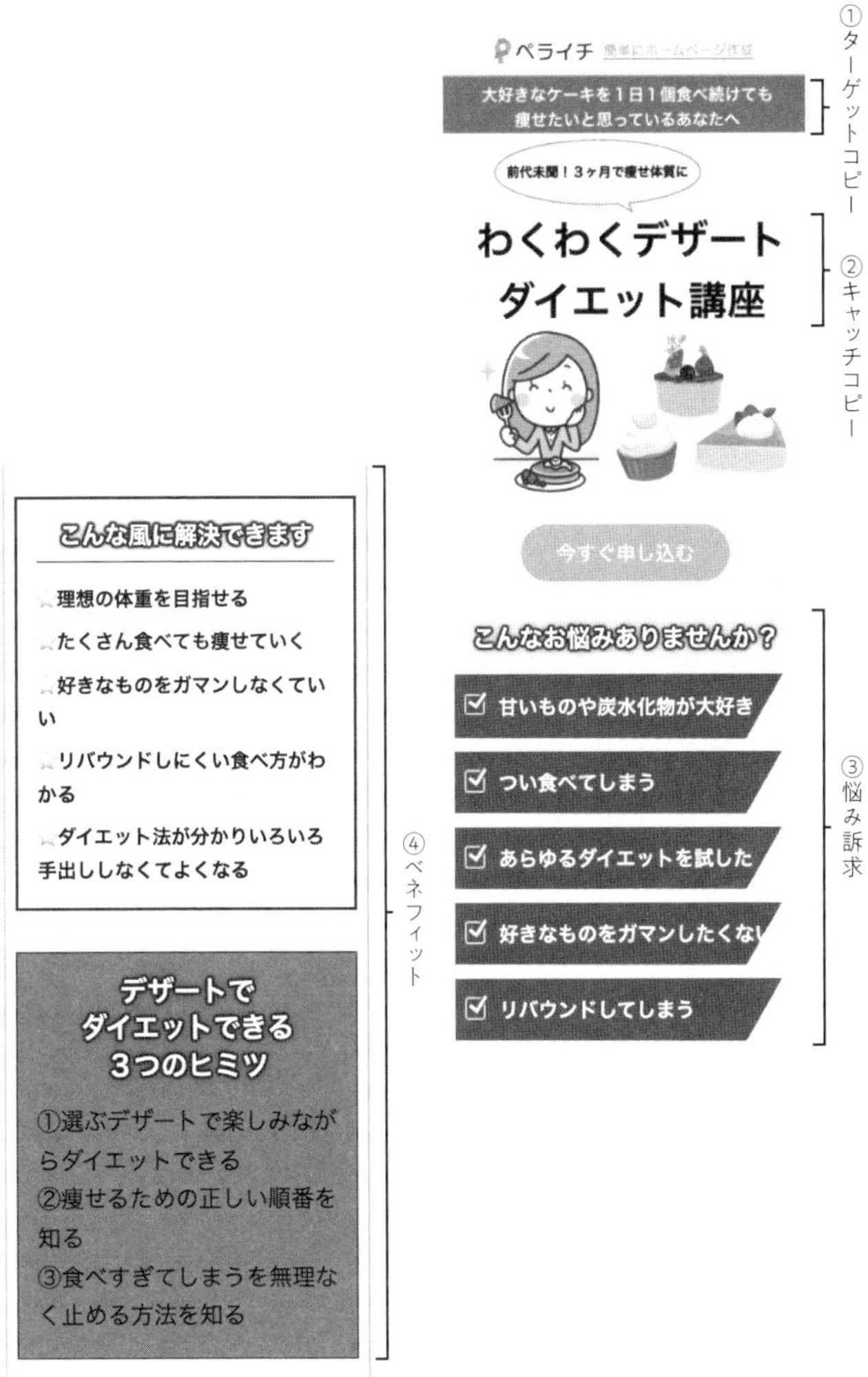
ペライチ 簡単にホームページ作成
大好きなケーキを1日1個食べ続けても
痩せたいと思っているあなたへ
前代未聞！3ヶ月で痩せ体質に
わくわくデザート
ダイエット講座
今すぐ申し込む
こんなお悩みありませんか？
甘いものや炭水化物が大好き
つい食べてしまう
あらゆるダイエットを試した
好きなものをガマンしたくない
リバウンドしてしまう
こんな風に解決できます
理想の体重を目指せる
たくさん食べても痩せていく
好きなものをガマンしなくていい
リバウンドしにくい食べ方がわかる
ダイエット法が分かりいろいろ手出ししなくてよくなる
デザートで
ダイエットできる
3つのヒミツ
①選ぶデザートで楽しみながらダイエットできる
②痩せるための正しい順番を知る
③食べすぎてしまうを無理なく止める方法を知る
①ターゲットコピー
②キャッチコピー
③悩み訴求
④ベネフィット

※本書用に作成した架空の事例です。

カリキュラム

1回目

ダイエットの概念を打ち砕いて大丈夫！瘦せる脳に変化させる

2回目

食べたいものを書き出して3ヶ月後に3キロ落とす方法

3回目

未来の自分を想定してワクワク過ごして体重をキープするレッスン

- **個別相談90分3回付き**
- **期間中LINEで質問無制限**

無料特典

瘦せるためのオリジナルレシピ20種＝3万円分

応援しあえるLINEグループ＝1万円分

達成記念ランチ会ご招待＝5000円分

この講座の想い

私自身、ダイエットにはとても遠回りな道を歩んできました。長年の経験を収集して作ったここちらの講座で一緒に夢を叶える女性を増やしていきたいと思っております。

一緒に楽しく理想の体型を手に入れましょう！！

⑤講座説明

お客様の声

今までにないダイエット法で楽しく体重を落とせました！ありがとうございます！！！

講師の先生や一緒に受講した仲間の雰囲気がとてもよくて、モチベーションもあがり、ダイエットを無理なくできました

デザートを食べてダイエットという斬新な方法に惹かれました

⑥お客様の声

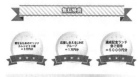

講座詳細

わくわくデザートダイエット 3ヶ月講座
日程
2022年1月20日（木） 2022年2月17日（木） 2022年3月17日（木）
時間
全て10時から12時
場所
オンライン
持ち物
筆記用具・パソコン（タブレット・スマホ）
参加費用
66，000円（税込み）
キャンセルポリシー
ご入金後のキャンセルは受付かねますのでご了承ください。

⑨講座詳細

今すぐ申し込む

まずは無料相談３０分に申し込む

⑩お申し込みフォーム

Copyright 2021 ワクワクデザート

POWERED BY ペライチ

講師紹介

ダイエット 花子

デザートダイエット代表

私自身が過去にダイエットジプシーでしたが、あらゆる方法を試してデザートダイエット法を編み出しました。このダイエットの楽しさをぜひお伝えしたいと開講しています。

⑦講師プロフィール

よくあるご質問

Q 開催日に他の予定がありますが、振替は可能ですか？

A 申し訳ありません、お振替はご用意しておりません。録画をご用意していますので、お休みの場合が後日録画を御覧ください。

Q 子どもが小さく預け先もなく参加が難しいです。

A ご安心ください。オンラインで受講できますので、小さなお子様がいらっしゃっても受講が可能です。

⑧よくある質問

Lesson 5

理想のお客様の心をつかむ文章のコツ

私たちは、物事を誰かに伝える術として「言語」を使います。テレパシーで伝えたいことが伝えられたらいいのですが、言語を介する必要があります。でも、一人ひとりに話しかけるわけにもいきません。そのために、文章を使って発信していくことが必須になってきます。つまり、発信するときの文章力によって、理想のお客様の心をつかむことができるかどうかが左右されるのです。

ここではカンタンに取り入れることができる、発信するときの文章のコツについて、ご紹介していきます。

①具体的な数字を入れる

Chapter 2でもお伝えしましたが、文章の中に「具体的な数字」を入れるように意識してみてください。「3カ月で」「100人に」など、数字を入れることによって曖昧さがなくなり具体的になるばかりではなく、その価値も伝わりやすくなります。また、実際に経験してきたことを数値化すると、権威性も上がります。

（例）「これまで、100人の方が私のメソッドを使って変化しました」

実績がない場合は、自分の経験値を書くといいでしょう（○○を10年間習っていました、など）。

②あらゆる角度で書く

文章は、最初からうまく書こうとしないことがとにかく大切です。書くことが止まってしまう場合、ターゲットの方が抱える悩みや不安などを50個書き出したものからチョイスして書くとか、ターゲットの方は今、どんなことを考えて生活しているだろう？　と、相手に憑依するくらいイメージを働かせて、あらゆる角度から文章を書くようにしましょう。

どの文章が相手の心をつかむかなんて正直わからないですし、自分が書いた渾身の文章が評価が高いとも言えないのです。むしろ、渾身の文章と思っているのは自分だけだったりするということもあります。いろんな角度から量産していくと、どんどん書く力がついていきますよ。

③ビフォー・アフター形式で書く

ターゲットの方の関心はたった1つ。「自分は、この講座に参加したら、どうなれるのか?」ということのみです。こんなに素晴らしい技術だとか、細かな内容はどうだとかは正直、興味がありません。その中で、一番端的に伝わる発信方法が「ビフォー・アフター」です。「以前はこうでしたが、講座を受けることで、今はこうなりました」というエピソードをたくさん用意してください。モニターを受けてくださった方の変化や、それらがなければ自分自身の変化の結果でもかまいません。

ただし、業種によっては薬機法の表記などに基づいた表現にしないといけない場合などもありますので、注意しましょう。

⑤小学6年生でもわかる言葉で書く

私たちは自分の業種のことになると、その分野に詳しいがゆえに知らず知らずのうちに「専門用語」を使っていることがあります。同じ業種間では通じる言葉も、一般の人には「？」というケースは本当に多いものです。

では、どのくらい噛み砕いて言えばいいかというと、「小学6年生でもわかるような言葉」に置き換えることをオススメします。一度書いたものを、実際に子どもに読んでもらって、意味が通じるかどうかを確認してみてもいいかもしれませんね。

たとえば、今ではよく知られるようになった「コーチング」という言葉も、まだまだ知らない方は多いですし、「マーケティング」用語など横文字に思考停止になってしまうということもあります。

私自身はアイシングクッキー（クッキーの上に、色をつけた「アイシング」という砂糖のペーストで絵を描いたもの）の教室で開業したのがスタートでしたが、当時はアイシングクッキーという言葉も広く知られていませんでした。当初、お世話になったコンサルタントが男性だったのですが、アイシングというと「運動の際に打撲などをしたときに冷やす行為」という認識しかなく、「そのクッキーは冷やすの？　凍らせるの？」という質問をされ、説明に四苦八苦した記憶があります。自分の使っている業界の言葉というのは「常識外の言葉」だと認識しましょう。

⑥限定性・希少性・緊急性

ランディングページをせっかくつくっても、それを告知・宣伝するための投稿をクリックしてもらえなければ読んでもらえません。クリックして読んでもらうためにも、投稿に「限定性・希少性・緊急性」の3点セットを投稿のタイトルに入れるなどして、目立たせましょう。

（例）「限定10名様のみ」「今日から1週間だけ」「急募」「あと1名様のみとなりました。お急ぎください」「これが最後です」

文章の中に埋もれていても、目にとめてもらえません。タイトルの最初にわかりやすく入れると目立ちます。

⑦自分の想いを書く

どんな素晴らしいスペックよりも心打つもの、それは「自分の想い」です。これだけは誰にも真似できるものではなく、あなたの人生を歩いてきた、あなた1人だけのもの。あなたの経験は唯一のものです。そこからひもといてつくり上げてきた講座に対する熱い想いを言葉にして届けていきましょう。難しいテクニックは不要です。うまく書こうと考えず、ちょっと荒削りなくらいがちょうどいいですよ。

「私はこういう想いで、これを世の中に広めたい」
「私の経験に共感していただけると、うれしいです」
「この講座は、こんな過程があってできました」

人は、他人の「ストーリー」（歩いてきた道のり）に惹かれます。あなたという人間の人生の一部を切り取って伝えましょう。

⑧過程を見せていく

講座の内容を細かく書いていきましょう。ポイントは、読んでいるだけで疑似体験できてしまうようなリアリティ感を出して。たとえば、お料理をつくる講座だとしたら、そのメニューを一緒につくっているような臨場感を出して、順序立てて書いていきます。お料理のいい匂いが届いてしまいそうなくらいに。そうすることで、「本当に受けてみたい」という気持ちの変化が起こり、心をつかむことができます。

繰り返しますが、いくら詳しく書いたとしても実際の経験にはなりませんので、出し惜しみせずに書きましょう。「ネタバレしすぎたら、来なくなるのでは？」と心配な気持ちにもなるかもしれませんが、全部見せるくらいの気持ちでＯＫです。

なぜなら、大抵のノウハウはもはやインターネットに出尽くしていますし、グーグルやYouTubeで検索すれば詳しい情報が得られる時代だからです。私たちが「これは大事」と握りしめていたところで、何十年と続く老舗うなぎ屋の秘伝のタレでもない限り、インターネットにはすでに出ているノウハウである可能性が大なのです。

それよりも、「日々の発信でこんなに詳しくノウハウを開示しているのなら、実際の講座はもっと素晴らしいに違いない！」と期待値を高めるほうが大切です。それらを繰り返した先に、「そんなあなただから」と選ばれるようになっていくのです。

⑨「私と一緒に」

文章の随所に「私と一緒に○○をしてみませんか？」という表現を盛り込んでみるのも効果的です。これだけで「この講師と一緒に」という想像力が働き、安心感が生まれます。

人は何かを一緒にすることに価値を感じます。人は１人では生きていけないませんし、誰かと時間を共有して過ごすことに大きな意味をもつからです。

⑩未来を見せる

「こんな未来が待っているよ！」と、講座を受けた先に広がる世界が想像できるように伝えていきましょう。講座を受けていない時点では、一体どんな未来が待っているのかは想像ができません。その先の未来を知っているのは、その講座をつくったあなただけです。

この講座を受けた後の未来にはどんなものがあるのかを伝えていくことで、「受けたい」という気持ちが高まります。

Lesson 6

申し込みの窓口をつくろう

お申し込みというタイミングが来たとき、事前に窓口をつくっておくことが大切です。

このときにやってしまいがちなのが、「このメールアドレスに返信の上、必要事項を書いてお申し込みください」とか、LINE公式アカウントに登録してお申し込みくださいというものです。

これらの申し込み方法が、なぜよくないのかというと、お客様に「手間」をかけてしまうからです。

「必要事項って、何だっけ？」と元の記事に戻って再確認しないといけなかったり、「これでいいのかな？」と不安にさせてしまうのはNGです。LINE公式アカウントはとても便利なアイテムではありますが、中にはLINEを使っていないお客様もいます。

そこで、「**お申し込みフォーム**」をつくるのをオススメします。無料のサイトで誰でもカンタンにつくることができますので、いくつかご紹介しますね。

- **Google フォーム（https://www.google.com/intl/ja_jp/forms/about/）**
- **リザーブストック（https://www.reservestock.jp/）**
- **フォームメーラー（https://www.form-mailer.jp/）**
- **フォームズ（https://www.formzu.com/）**

いずれも無料なので、使いやすそうなものでお申し込みフォームを用意してください。

それぞれ、お申し込み時に必要な入力事項をつくっていきます。たとえば、「お名前」「お電話番号」「メールアドレス」「確認用メールアドレス」「選択メニュー」「選択日時」「質問事項」などです。

ポイントは、**お申し込みしていただくお客様の手間を最小限にする**ということです。項目が多すぎると、選択肢が増えて迷わせてしまう要因になりますので、必要最小限にすることです。

また、入力した後の「**自動返信メール**」もお忘れなく。お申し込みされた方というのは、「ちゃんと申し込みできたのかな?」と不安になります。そんなときに安心なのが自動返信メールです。

自動返信メールとは、「あなたのお申し込みを確かに承りました」と、お申し込み直後にシステムから自動的に送られるメールです。これが届くことによって、「ちゃんと申し込みできたんだな」という安心材料になります。

自動返信メールには、

- **お申し込み内容**
- **入金が必要な内容であれば、お支払い先**
- **お支払い期限**

・**連絡先**

なども記載しておくことで、次のアクションにも迷わず移ることができます。

初めてつくる場合は、まずは自分で入力してみて、きちんと自動返信メールが届くのか、誤字脱字がないかなどを確認しましょう。とても大切なことです。

規約をつくっておこう

事前のトラブル回避のためにも、お申し込み時にご確認いただく「規約」をつくっておきましょう。ここをしっかりと明記しておくことで「来てもらいたいお客様」が集まりやすくなります。

たとえば、キャンセルチャージや返金について、写真掲載の可否、著作権、お子様連れの場合についてなど。これらは、開催した後にお伝えしたのでは効力がありません。「聞いていない」といって、後からクレームをいただくことがないように、事前にお伝えし、お読みいただいたという確認をとりましょう。

・**キャンセルチャージ・返金**……「１週間前のキャンセルで50％返金可」「前日のキャンセルは１００％返金不可」などです。ここを曖昧にしてしまうと、日程の変更や自由にキャンセルされてしまうことが起きかねません。お互いのルールとしてつくっておくとスッキリしますね。返金の際の振込手数料はどちらもちなのかなども決めておくといいでしょう。

・**写真掲載**……「むやみに写真を撮って掲載された」など、後々問題になってはいけません。事前に「撮ること」と「掲載してもいいか」「ダメな場合は、加工（写真の顔の部分にスタンプなどを貼る対策）をすればOKかどうか」などを確認しましょう。個人情報に関わる部分なので、十分注意を払う必要があります。

自宅で開催する場合は、自宅の場所が特定できるような写真をSNSに掲載しないといった、参加者へのお願いも記載する必要があります。

・**著作権**……参加された方に、資料などを無許可で二次利用されてしまうことのないように明記しておきましょう。

・**その他**……貴重品の管理、物の破損などの危険性がある場合など、事前に起こりうる可能性がある事柄を思いつく限り書き出し、明記しておきましょう。

Lesson 7

「あっという間に満席！」を目指す募集のステップ

いよいよ募集開始となりました！　時間をかけて準備してきた講座。募集を開始するときというのは、どんな集客の達人でも緊張するものです。

そんなときに安心材料になるのが、募集前に「**まずは1人でも参加してくれる人を確保する**」ということです。誰か1人でも「興味あります！」「参加したいです！」と申し出てくださったら、安心しませんか？

募集しても、誰からも反応が得られなかったということが一番怖いものです。1人でも参加者を確保できたら、「すでに参加希望の方がいます！」と弾みをつけやすくなりますね。

これは準備の段階で、いかに興味をもってもらえる発信ができるかどうか、その効果が試されるところでもあります。どのように進めていけばいいか、1ステップずつお伝えしていきます。

募集開始までのスケジュールを立てよう

では、募集のスケジュールを立ててみましょう。募集のスケジュールは「逆算」で考えます。体験講座の募集を想定して、考えていきますね。

まず、本講座の日程を決め、そこから逆算して体験講座の日程を決めます。このとき、開講までのスパンをある程度あけておく必要があります。「今日体験をして、明日から開講です」というのでは、スケジュールの調整がとても難しくなりますよね。このスパンを3週間から1カ月くらいあけて、体験講座の日程を決めましょう。

体験講座の日程が決まったら、募集のスケジュールに入っていきます。体験講座募集までの期間は、少なくとも1カ月から1カ月半くらい設けましょう。

これらを逆算して、スケジュールを立てていくと、こうなります。

2月　告知を徐々にスタート
3月中旬　体験講座の募集開始
4月上旬　体験講座を数日開催
5月1日　本講座開始

ここでのポイントは、**告知開始から募集までの期間は余裕をもって設けること**。告知と募集を混同してしまいがちですが、募集開始からが募集ではありません。募集開始までの告知期間が大切なのです。

告知のやり方しだいで募集の結果が変わる

では、募集開始までの告知はどうやってやるといいのでしょうか？

告知は、「興味づけ」の期間です。映画の予告と同じです。映画館では、1年先に公開予定の予告映像が何本も流れますよね。それからテレビや雑誌などで取り上げられるようになり、番組内でメイキングの様子を流したり、試写会から出てきた人たちの感想動画をＣＭで見かけるようになっていきます。

上映初日を迎える時期に近づいてくると、テレビのバラエティ番組に映画の出演者が頻繁に登場するようになり、「番宣」をしはじめます。舞台挨拶の日を設けたりなどもしますよね。そうして初日を迎え、「観客動員数〇万人！」というニュースを宣伝材料として、次なる観客の興味を惹くようになっていきます。


これと同じで、講座の場合も、少しずつ興味・関心をもってもらう告知期間をしっかりと設けましょう。**告知しだいで、結果が大きく変わる**からです。

みんなが観に行くような大ヒット映画は、いきなり「今日から劇場でスタート！」なんてしていませんね。ある日突然、興味をもったということではないはずです。あらゆる媒体で無意識に情報が入ってきて、いつしか「観に行きたい」となるという流れです。さらに、「よかったよ」と話している人の情報（口コミ）によって、「そんなに人気なら私も行こうかしら？」となるのです。Chapter３－１でお伝えした「ファネル」の「認知」→「興味・関心」→「比較・検討」→「購入」の流れですね。

では、具体的にどのように告知をしていけばいいのかを見ていきましょう。

「これ受けてみたい人～？」（反応を見る）
「日程のみお知らせします！　あけておいてください」（日程の確保）
「今、こんな段階です！」（興味づけ）
「体験したいという声をいただきました！」（人気感）
「内容が決まりました！」（LPの発表）
「○月○日から募集します！」（募集開始）

というように徐々に投稿をしていきます。いっぺんにまとめてではなく、**徐々に1投稿ずつ**です。この告知を募集日時まで続けます。

特に、募集開始数日前はカウントダウンをすると効果的です。

「あと1週間で募集開始です」
「3日後に募集開始です」

「いよいよ明日の7時から募集スタートです」
「今日から募集開始です！　お楽しみに」

というように。誰から聞かれていなくとも、1人でお祭りのように盛り上げてみてください。その「1人お祭り」の様子に「あれ？　なんだか楽しそう」「行きたくなってきた！」と読み手の気持ちが動きはじめます。

募集は、仕込みが8割なのです。仕込みをしっかりしておくことで、募集開始日の結果が決まると言っても過言ではありません。「即日満席！」「○分で満席！」には必須の考え方です。

よくある告知の失敗パターン

では、その逆パターンはというと、「**いきなり募集する**」ということです。

これは、「募集したけど、お申し込みがない……」となる典型的なパターンです。自分自身は心を込めて、時間もかけて、ニーズも調べて準備をしてきているので、万感の思いがあります。「いよいよこの時が来た！」というように。ですが、それらは外には見えていません。それなのに、いよいよという気持ちでいっぱいになって、「募集します！」と、いきなり募集しはじめてしまうのです。

それでどういうことが起こるかというと、読み手や受け手は「何の話？」「誰に言っているの？」と、置いてけぼりになって、シーンと白けてしまうのです。そこで初めて、「あれ？　おかしいな」となり、何の反応もないことに落ち込んでしまいます。

これはひとえに、告知と募集のスケジュールを立てていないことが大きな要因です。

もうひとつ、典型的な失敗しやすいパターンとして、**告知回数が圧倒的に少ない**ということがあります。「いきなり募集する」に似ていますが、募集内容を1回投稿して反応がなかったときに、期待が大きすぎたり、そもそも告知回数が少ないということをわかっておらず、「反応がない……」とあきらめてしまうパターンです。

1回の投稿だけでは、人は記憶もしなければ、目にもとめません。それが現実です。現実と理想のギャップがあると、落ち込み度合いも大きくなります。

また、告知を数回しているのにお申し込みがないという場合も、1回ではないにしても、告知回数が圧倒的に少ないのです。

もし、「○回告知したのに、お申し込みがない……」という結果になったとしたら、次はその3倍は告知してみてください。満席になっているあの人は、きっとあなたが思っているよりもたくさん告知をしているはずです。

自分では「こんなに告知しても大丈夫かな？」と不安に思ってしまいますが、大丈夫！ 人は、そんなに誰かの投稿を真剣に見てはいません。繰り返し繰り返し、ちょっとうっとうしいかしら？ くらいで、ちょうどいいのです。告知回数とお申し込み数は比例します。繰り返し目にすることで、だんだん**「気になる」↓「買ってみようかな」**に変化していくのです。

さらに、目に触れる媒体が異なると興味も深くなっていきます。映画で言うと、テレビの番組内、街中の看板、雑誌の特集ページというように、異なる媒体で目にすることで「あっちでもこっちでも目にした！」となり、購買意欲が増していきます。ぜひ、自分のSNSツールをフル活用して告知をしてみましょう。

そして、集客で失敗しないために最も大切な考え方は、**集客を目的にしない**ことです。集客をしていると、どんどん「集客する」「満席にする」「お申し込みをもらう」

ということに一生懸命になってしまい、それが目的になってしまいます。

もちろん、集客自体は一生懸命にします。ですが、それよりもっと大切なことは、**集客した後、「どういう世界をつくりたいか？」**ということです。ここを決して忘れないこと。集客に心奪われるべからず！です。なぜなら、集客が目的になってしまうと、本当に届けたいことが届けられなくなるからです。

私たちの最初に描いた想いは何だったでしょう？　集客が苦しいなと思ったときこそ、ここに立ち返ってみてください。ああしてこうしてという集客のノウハウよりもずっと大切なことです。

満席になったら発信しよう！

募集の人数を達成したら、満席です！　しかし、満席を達成したという喜びを得た後も、とても大事です。

まずは、「満席になりました！」とＳＮＳ等で即報告しましょう。「即日満席」や「３日で満席」などの「すぐに満席になった」という場合は、人気感をアピールすることができます。

仮に満席まで時間がかかったとしても「満席になった」という報告はとても大切です。「満席になった」ということを知ると、これまで迷っていた方や、お申し込みに間に合わなかった方が「やっぱり早く申し込むべきだった」と感じ、次の申し込みにつながりやすくなります。お申し込みされた方も「早くに申し込んでよかった」という気持ちをもっていただけます。

なお、満席の報告とともに**「キャンセル待ち登録」「次回優先登録」**をご用意するようにしましょう。

満席の報告をすることによって、次の募集への価値が高まります。次回の募集の際に、**「前回、満席になった講座です」**と謳うことができますし、そう伝えることで、お申し込みへのはずみがつき、「いつも満席!」につながっていくのです。

人というのは、行列しているお店に行きたいと思う心理が働くものです。人気店のラーメン屋さんは行列が長くても、また行列になっていきますよね。行列は行列を生み、満席は満席をさらに呼ぶのです。

Lesson 8

講座の魅力倍増！　募集する前に準備しておいたほうがいいこと

いざ募集をスタート！　という前に、準備しておきたいものについて、いくつかご紹介します。一つひとつが講座や講師自身の魅力をアップする役割を担っています。

・プロフィール写真を撮ろう

自分のSNSツール、ブログ、ホームページ、名刺、企業などに出すプロフィールなど、出番の多いプロフィール写真。受講者が初めて講座に申し込むときの判断材料のひとつにもなる、大事なものです。

プロフィール写真は、できればプロに依頼して撮ってもらいましょう。その際には、「講師としてのイメージ」に合った服装やヘアスタイル、アクセサリーで撮ること。カラーイメージを統一することも大事なポイントです（Chapter 5で詳しくお伝えします）。物を扱っている業種なら、それを手にもって撮影するのもいいでしょう。

プロフィール写真はコロコロ変えないようにしましょう。もし変える場合は、発信ツールやホームページなども、すべて同じ写真になるよう入れ替えをしてください。

・物を扱う場合は商品写真を撮ろう

形ある物が商品の場合、文章以上にそのよさを伝えられるのが写真です。極端な話、いくらいい商品であったとしても、写真で台無しになってしまうことがあるくらいです。写真1枚でお客様を惹きつける、力のある1枚を用意しましょう。

最低限気をつけたいことは、明るさです。暗い写真は商品そのものを暗く見せてしまいます。蛍光灯の下ではなく自然光で撮ることを心がけ、どうしても撮影場所が暗いならレフ板を使うなどの工夫をしましょう。正面から光が当たるよりも、逆光のほうがいい感じになったりすることもあります。３６０度、光の当たり具合を確認しながら、ベストの角度を探しましょう。

また、構図も大切ですね。構図を工夫するだけで、商品の見え方がまったく異なってきます。ちょっとしたことですが、水平でないと人は違和感を抱きます。

そして、商品そのものだけでなく、商品の周りの小物などの演出物にも気を配り、どこを切り取るのか、余計なものが写り込んでいないかなど細部に注意を払いましょう。たとえば、自宅内で撮っていた場合に食器棚や電気のスイッチなどが後ろに写り込んでいたりすると生活感が出てしまいます。野外では、関係のない人や自転車などが写り込まないよう場所を選びましょう。

細部に注意を払えていないと、講師であるあなた自身が細部に注意を払うことができない人だと思われてしまう可能性も。そうした事態を回避するためにも、専用の撮影スポットをつくるのも手です。たとえば、段ボール箱の内側に白い紙を貼るなどして専用の空間をつくるだけでも、違いますよ。

写真は一眼レフがあればもちろん最高ですが、最近はスマホのカメラ性能もかなり向上しているので、スマホカメラからはじめてみましょう。

スマホカメラは最低限、「トリミング」「明るさ」の加工ができるといいですね。最近は、いろんな加工が簡単にできるアプリもたくさんあります。初心者でも使いやすいと思うのは、「LINE Camera」と「PicCollage」です。「LINE Camera」は、明るさや色調整、トリミング、文字入れ、スタンプ機能などが備わっていて使いやすいです。「Pic Collage」は名称のごとく複数枚の写真をコラージュするときにオススメで、誰でも可愛く加工できるテンプレートが豊富です。

写真は奥が深いものです。写真の撮影の講座もあるので探して受けてみるのもいいですね。

・銀行口座・カード決済

お申し込みがスタートすると、お支払いが発生することになります。それまでに、銀行口座を用意しておきましょう。銀行口座は個人名義でもいいですが、入出金が複雑になったり、個人感が出てしまいます。入金があった場合に、入金の確認をすぐできるようネットバンキングにしておくと、スムーズなやりとりが可能になります。

また、銀行振込は振込手数料がかかりますので、お支払いのご案内の際に「大変恐れ入りますが、お振込手数料はご負担いただけますようお願い申し上げます」などと記載しておきましょう。

今はキャッシュレス決済が当たり前になってきているので、カード決済やスマホ決済アプリの導入も積極的に取り入れることをオススメします。カード決済のシステムとして、ペイパルやスクエア、ストライプなどがありますが、申し込みをして開設する流れやそれぞれ決済手数料などを、あらかじめ調べておきましょう。各社、メリット・デメリットが異なります。事前に、自分で支払いの流れを経験しておくことも大切ですよ。

・名刺をつくる

実際にお会いした参加者には、名刺をお渡ししましょう。「最小のチラシ」とも言える名刺。名刺がない場合は、できるだけ早めにつくっておくことをオススメします。

名刺交換の場というのは、いつその時がやってくるかわかりません。お相手から名刺を差し出されたときに「ありません」というのは、ビジネスシーンにおいて失礼とされています。また、お互いを知る最大のチャンスとも言えますので、そのチャンスを逃さないようにしましょう。

私の経験をお話しすると、初めてレンタルスペースを借りるために下見をしたとき、レンタルスペースの管理人の方が挨拶で名刺を差し出してくださったのに、私はまだ名刺を用意しておらず、とても恥ずかしい思いをしたことがあります。

名刺をつくるときのポイントをいくつかお伝えしますと、私たちのように個人で活動しているような存在は「覚えてもらう工夫」がとても大切です。

名刺を交換した後、「これ、どなただっけ?」となることがあります。その一番の原因は、顔写真が載っていないこと。覚えてもらう工夫として、プロフィール写真は必ず掲載するようにしましょう。

そして、キャッチコピーと仕事の情報をわかりやすく載せます。さらに、LINE公式アカウントのQRコードや検索のキーワードを載せておくことで、次の機会や「認知」につながります。ちょっとした一工夫をお忘れなく。

なお、名刺のプロフィール写真だけ古いまま……という人も少なくありません。常にバージョンアップし、ホームページやSNSなどとの統一感を出しましょう。ここでもイメージカラーも大切に。

名刺は、インターネットでも簡単に注文できますし、街にある印刷会社でも依頼できます。

Lesson 9

集客は1日にしてならず

集客をしていると、自分が想定していたより結果が出ない、と感じることがあります。これは、集客への期待値が高いことから起こるものです。ここまでやったのに、お申し込みが入らないという場合、自己流で行動していたりだとか、順序を飛ばしていたりだとか、何かしらの修正すべき点があるはずです。

フォロワーを増やして、投稿に慣れて……など、集客準備はゆうに数カ月は要します。**「集客は一日にしてならず」**であるということです。

集客は、私たちのそれまでの「在り方」そのものが反映されていきます。手を抜いたらそこが顕著に出ますし、このくらいでいいかなと思ったら、そのくらいの結果にしかならないというものです。

集客は、農耕作業に例えられることが多いですね。土を耕し、種を撒いて、水をやり、肥料をやり、日光に当てながら、雑草を抜いて……と手間をかけて大切に育てていってこそ、結果という芽を出してくれます。土を耕してばかりいては次に進めないですし、水を多くやりすぎたら根腐れしてしまいます。稲が実ってから、お米として出来上がるまで、ゆうに数カ月を超えます。

つい気が焦ってしまいますが、「育てる」という意識で、長いスパンをもって集客していくことをオススメします。

キャンペーンをきっかけにする

何か新しく講座をリリースするときは、**「キャンペーン」**を取り入れましょう。キャンペーンというと、なんだか大袈裟に感じてしまうかもしれませんが、重く考えなくて大丈夫です。何かしらの「キャンペーン名」をつけるだけでいいのです。

たとえば、**「スタートアップ記念」「お誕生日感謝キャンペーン」「新講座オープン記念」「〇人達成感謝企画」「お正月お年玉プレゼント企画」**など。

日本は四季があり、季節感のある行事が豊富です。その行事ごとにキャンペーンを考えるだけでも、たくさんの案が浮かんできますよね。お正月・バレンタイン・おひなさま・卒業・入学・母の日・父の日・夏休み・ハロウィン・クリスマス・年末など。また、お誕生日・何周年・新企画リリース・何人達成など、個人的な行事もありますね。

「プレゼントキャンペーン」「無料キャンペーン」「ポイントキャンペーン」など、どこかで聞いたことのあるのではありませんか？　そう、世の中はキャンペーンであふれかえっています。そのくらい有効だから、みんなが実施しているという証拠です。

試しに、自分がいつも使っているスーパーマーケットでどんなキャンペーンをしているのかを観察してみてください。季節や行事のものはもちろん、月曜、火曜、土日などの曜日ごと、「朝の市」「4時の市」など1日の中だけでも、キャンペーンのバリエーションが見られます。自分の周りを見渡してみるだけでも、自分が取り入れられそうなキャンペーンのアイデアが見つかるかと思いますよ。

結局、「直接」口説くのが最強

繰り返しますが、集客の仕組みをつくり上げるのには数カ月かかります。たとえば、集客のステップ①「発信」においては、それまでSNS発信をしたことがなかった人の場合は、発信に慣れたり、使い方を知るということだけでも時間を要します。

この集客のステップが出来上がってから募集をはじめようとすると、あまりに遠い先の話になってしまい、新鮮さや現実味が徐々に失われますし、モチベーションも下がるというものです。

これまでSNSを使った集客についてお伝えしてきましたが、結局、一番確実なのが**すでにつながりのある人に直接、声をかけていく**方法だったりします。私たちのことをすでに「認知」していて、「信頼」もある程度あるからです。

特に初めての講座で集客に苦労している場合は、まずはつながりのある人にお声をかけてみましょう。もしくは、「こういう講座に興味ある人がいたら、紹介してくれるとうれしい！」と伝えておくだけでも、挑戦の価値ありです。いざ、そんな場面になったとき、思い出してもらえる可能性があります。

Chapter

4

いよいよ開講！
講座を成功させるコツ

Lesson 1

ワクワクを高める！当日までのお客様とのやりとり

お申し込みをいただき、当日を迎えるまでの時間も大切な時間です。開催当日、私たち講師側も緊張するかもしれませんが、お客様も緊張しながら参加します。初対面なら、なおさらですよね。この緊張をお互いにほぐしていくのが、当日までのメールのやりとり。効果は、その回数に比例すると言えます。もちろん、やたらめったら送ったらいいというわけでもありません。推奨するのは全部で5回のタイミングです。

①お申し込み時の自動返信メール

「お申し込みありがとうございます！　詳細は追ってご連絡いたします」

②お申し込みの確認とお礼メール

「○月○日の○○講座にお申し込みいただき、ありがとうございます。詳細はこちらです。お支払い先はこちらです。○月○日までにご入金くださいませ」

これに加えて、お申し込みされたときに、質問やお申し込み動機などを書く欄を用意し、そこに何か書いていただいた場合は、その内容に対するお返事を添えてみましょう。また、その他の情報から共通事項や関心事がある場合は、「○○にお住まいなのですね。私も以前の職場が○○でした」など、その人だけの情報に向けた個別のメッセージを添えると、決まりきった定型文にならずに、丁寧さが伝わります。

③お支払いの確認とお礼メール

「お支払いを確かに確認いたしました。お忙しい中、お手続きありがとうございました。当日の詳細とお持ち物、場所のご案内になります。何かご質問があれば、遠慮なくお聞きくださいませ。当日お会いできるのを楽しみにしております」

詳細をきちんと明記することは必須です。また、場所の説明もわかりやすさを心がけて。オンライン講座の場合は、オンラインの入り方や注意事項などを記載します。

④前日のリマインドメール

「明日はいよいよお申し込みいただきました○○講座になります。改めて詳細をお送りします」

③のタイミングで伝えてありますが、メールが埋もれて見つけられないことも。念のための確認として、前日のメールは欠かさないようにしましょう。

連続講座の場合も、初回に場所の案内を送ってあったとしても、2回目3回目にもお送りするようにしましょう。たとえば、マンションの部屋番号など、お客様は記憶していませんし、地下鉄の出口も何番だったか覚えてはいないものです。そのたびに、「あの場所を書いて送ってくれたメールはどこだっけ?」と探させてしまうことのないようにしましょう。

オンライン講座のルームナンバーについても同様です。

⑤開催後のお礼メール

「今日は○○講座にご参加いただき、ありがとうございました。初めてで緊張もされたかもしれません（相手の様子を慮って）。今日は○○なご様子でしたね（おひとり

ずつ様子を思い出しながら）。次回は○月○日です。次回までに○○をご用意くださいね（次回への連絡事項など）。」

開催した日にお礼メールをお送りしましょう。これも定型文ではなく、「あなた」だけに向けて書いた内容だと、お互いの距離が縮まります。

お申し込みから開催日まで5通のやり取りをするだけでも、親近感・信頼感につながり、緊張感もお互いにほぐれていきます。

お申し込み時には「加藤様」という敬称で呼んでいたものも、開催後は「あいさん」と下の名前で呼んでみるなど、ちょっとしたことで距離がぐっと縮まります。

講座内でニックネームを決めるという方法もいいですね。講座のときに呼び合ったそのニックネームでメールも書いてみると、「ちょっとうれしい！」という気持ちになります。

最初はかしこまって「名字」だった呼び方が、だんだんとフランクに「名前」で呼ぶことによって、「久々に自分の名前で呼んでもらえた」とうれしくなることも。「加藤様」より「加藤さん」、「加藤さん」より「あいさん」、「あいさん」より「あいちゃん」なわけですね。

さらに最後に集合写真を撮るなどした場合、⑤のタイミングでお写真も添えて送りましょう。「今日の思い出として、撮ったお写真を記念に送りますね。みなさん、いい笑顔で写っています。もし、SNSをされていたら、今日のご感想とともに投稿していただくとうれしいです！　タグ付けしていただくと、コメントに伺えます。お写真もご自由にお使いください」などと添えると、「この写真は使っていいのかな？」「タグ付けしても大丈夫かな？」と迷わせることなく、安心してSNSなどに投稿していただきやすくなります（当日、みなさんに確認してから撮影することをお忘れなく）。

そうすると、当日の記憶もよみがえりやすくなりますし、開催後もSNSでの投稿のやりとりが盛り上がり、コミュニティができやすくなります。

Lesson 2

資料作成はお申し込みが入った後につくろう

Chapter 2でも触れましたが、講座は完璧につくり上げるのではなく、6割くらいイメージがかたまり、販売します。そして、お申し込みが入った時点で、当日必要な資料作成に入りましょう。

「え？　そんなギリギリでいいの？」と思われるかもしれませんが、募集してお申し込みが入るまでに、体験講座の参加者の声などを取り入れ、講座に反映していくほうが満足度が高くなります。ですから、申し込みを締め切り、参加者がそろったところで開催当日に向けて資料作成をしていけば大丈夫です。

資料にも、「私らしさ」のエッセンスを加えていきましょう！　配色や挿絵、写真なども、一貫性をもって、あなたらしさを表現しましょう。資料を入れるクリアファイルや、資料の紙質にこだわってもいいと思います。参加者が資料を見た瞬間からワクワクするイメージを思い浮かべながら、作成してみてください。出来上がったら誤字がないか、わかりにくい点はないかなど、チェックもお忘れなく！

資料作成はGoogleドライブが便利

資料作成は、PDF、Word、Excel、パワーポイントなど、使い慣れているものでOKです。資料をPDFでお送りするときは、どうやってダウンロードしたらいいのかわからない場合もあります。PDFのダウンロード方法などもお伝えできたら、安心してもらえますね。

私の場合、いつも**Googleドライブ**を使っています。Googleアカウントをもっていれば誰でも使えるツールです。

Googleドライブの便利な点は、資料の共有とその互換性です。Googleドライブを開き、「新規」をクリックすると「Googleドキュメント」「Googleスプレッドシート」「Googleスライド」「Googleフォーム」が出てきます。それぞれ、ドキュメントは

Googleドライブの画面

https://www.google.com/intl/ja_jp/drive/

PDFやWord、スプレッドシートはExcel、スライドはパワーポイントの機能と同じものになっています。フォームはお申し込みフォームやご感想をいただくフォームとして使うことができます。

たとえば、資料をドキュメントで作成したなら、当日印刷して手渡しする他、PDFに変換し、データとして送ることも可能です。また、共有URLを発行して送るだけで資料の共有ができます。

しかも、Wi-Fi環境がなくても資料作成が可能で、オンラインに接続したら自動保存になりますので、せっかくつくった資料を保存し忘れた！ ということも回避できますよ。

Lesson

3

雰囲気づくりがキモ

お申し込みいただいた方をお迎えし、いよいよ当日ですね！
本章では、当日、ベストな状態で開催するためのコツをお伝えします。オフラインでもオンラインでも共通していることが多いです。ぜひ、積極的に取り入れてみてください。

・ＢＧＭを選ぶ

自宅や会場でお迎えする際、扉を開けて中に入ったときに流れているＢＧＭは、講座の雰囲気を左右する大事な要素。また、ワークをする際にも、作業タイム用のＢＧＭを用意しましょう。

たとえば、クリスマスが近い12月ならクリスマスソングとか、作業タイムは集中できるヒーリングミュージックとか。それぞれ、季節の音楽や、講座内容に適した音楽などをワクワクしながら選んでみてくださいね。

オンラインで開催する場合も、同様です。殺風景になりがちなオンライン講座も、音楽の力を借りて場づくりをしましょう。

その際の注意点としては、講座内容を録画してYouTubeにアップロードする場合など、著作権が発生する場合もありますので、事前に調べるようにしてください。

・レジュメにもときめきを！

当日の資料作成についてはChapter 4－2でも触れましたが、受講生が表紙を見ただけでときめいてしまうようなデザインにしたいですね。「イラストAC」「いらすとや」といったサイトや、「Canva」といったツールなど、かわいい素材が無料でダウンロードできるサイトもたくさんありますので、検索して探してみてください。

当日までに、内容や誤字脱字がないかどうかをしっかり確認して、当日までに人数分＋αを印刷しておきましょう。

オンライン講座なら、事前にＰＤＦをお送りし、各自で印刷していただきます。印刷機がない人もいらっしゃることを想定し、事前に郵送でお送りするのも丁寧ですね。

・自分で暗示をかける

当日を迎えて、まずやっていただきたいのは、自分で自分に暗示をかけること。朝、起きたら、「今日は○○さんと○○さんと……○○さんをお迎えして、絶対にいい講座にするんだ！」と朝日に向かって唱えてみましょう。気持ちが講師モードに切り替わります。

・お出迎えのときの表情

お出迎えは、講座を成功させるか否かの大切な場面です。自宅サロンや会場のドアを開ける前から「笑顔」の準備をしておきましょう。ドアが開いて、あなたの顔が見えた瞬間、お花がぱあっと開くようなイメージです。

「こんにちは！」と挨拶するときの声のトーンも大切です。受講生は、あなたの表情や第一声をよく観察しています。明るく、ビッグスマイルでお出迎えしましょう。

オンライン講座ではドアを開けるということはありませんが、画面オンになった瞬間のあなたの存在は、受講生からしっかり見られています。特にオンライン講座では上半身しか見えませんので、明るい声やビッグスマイルに加えて、通常の2割増しくらいのオーバーアクションを心がけましょう。そのくらいして、やっと画面越しにあなたのエネルギーが伝わります。

・おやつを用意する

講座という学びの場では、おやつはNGと考えてしまうかもしれませんが、集中すると、体が糖分を欲します。お菓子を用意するだけで、参加者のみなさんが和む効果もあります。

「講座中、お好きに召し上がってくださいね」の一言もお忘れなく。出しておくだけでは、「食べていいのかな?」と手を出しにくいものです。お菓子は、手につきにくい個包装のものがオススメです。今は感染症対策で難しいかもしれませんが、受講生の緊張をほぐすちょっとした気遣いとして、参考にしてみてください。

オンラインの場合、おやつタイムを設けるのもいいですよ。以前、セミナーを開催したとき、一緒に企画したメンバーの1人が「開催当日に間に合うように、参加者のみなさんにお菓子をお送りして、セミナー中、同じお菓子をいただくというお楽しみタイムを設けるのはどう?」と提案してくれ、当日はとても盛り上がりました。

・お出しするお茶にもひと工夫

会議室などではペットボトルのお茶を支給されるイメージですが、可能な限り、お出しするお茶にもこだわりたいものです。

たとえば、花粉の季節だとしたら「花粉症にも効くと書いてあったので、こちらをセレクトしました」とか、「美容にいいハーブティーにしました」とか、何かしらの意味付けがあることで、会話のきっかけになりますし、そんなところにまで気を配っているんだと、おもてなしを感じてもらいやすくなります。

Lesson 4

心が通じ合うちょっとしたコツ

講座中は、講師が一方的に話すだけではなく、受講生と会話をしたり、質問タイムを設けたりして、コミュニケーションをとりながら、関係性をつくれたらいいですね。本項では、そのときに効果的なちょっとしたヒントをお教えします。

名前はファーストネームで

お名前の呼び方はとても重要です。特に女性は、「〇〇さんの奥さん」「〇〇ちゃんママ」などと呼ばれることが増え、ファーストネームで呼ばれるということが激減します。ですから、ぜひ、下のお名前で呼んでさしあげましょう。お名前は唯一その人が持つもの。名字とちがって親から授かった特別なものなのです。距離もぐっと縮ま

ります よ！

もっと砕けてよさそうなら「ニックネーム」はもっと効果的です。自己紹介タイムのときなど「なんて呼ばれたいですか？」とニックネームをあえて決めてみるのもいいでしょう。参加者同士の共通の呼び方があると、心の距離が近くなります。

ホメホメ作戦で「来てよかった」と思ってもらう

講座に参加される方というのは、とても緊張しているものです。先ほどのお出迎えの際など、着ている洋服や持ち物、ヘアスタイルなどを褒めて、緊張をほぐすように意識してみてください。

このときのポイントは、洋服や持ち物単体で褒めないこと。「そのお洋服、ステキですね」ではなく「ステキなお洋服、とてもお似合いですね」と、ステキなお洋服を着た○○さん自身を褒めるのです。そうすると、「私のことをよく見てくれている」「今日は楽しい時間を過ごせそう」と感じてもらえますよ。

そして、実際に講義がスタートしたときも、褒めることが基本姿勢です。作業やワークなどの際、「これでいいのかな？」「うまくできているかな？」と不安になっていることが多いので、まずは「すごくいいですね！　その調子です」などと褒めることを最優先してください。そのうえで、「こうしたほうが、もっといいですよ」とアドバイスしていくと、ほっとしてもらえて、「ちょっとしたことも認めてもらえる！ここに来てよかった」と思っていただけます。誰でも褒められたら、うれしいものですよね。

ちなみに、親子講座の場合は、お子さんとママの両方を褒めることが大切です。ママはお子さんのことも褒めてほしいし、がんばっているママ自身のことも褒めてほしいのです。

Lesson 5

想いが伝わる話し方

私たち講師は、講座を通じて受講生の方に「伝える」ということをしていきます。つまり、伝わるようにするにはどうしたらいいのか？　は満足度を左右する重要なポイント。

伝わる講師力を身につけるための秘訣をいくつかご紹介しますね。

・ぶつぶつ言いながら練習する

講座の内容が決まり、資料の準備も整ったら、とにかく練習をしましょう！　しっかりしたリハーサルだけでなく、スキマ時間（入浴中やお散歩タイム）など、ちょっとしたときに、ぶつぶつ言いながら練習すると、気軽にイメトレできます。セリフを一言一句間違えないようにと固くなるより、ちょっとラフで普段の言葉で話すほうが伝わります。

・リアルな予行演習をする

いよいよ当日を迎えるにあたり、はじめは誰でも緊張するもの。本番さながらに練習しておくと、本番が怖くありません。このときに失敗をしておくことで、当日の失敗回避や改善点がわかります。

たとえば、ホワイトボードに書きながら話す、実際の道具を使う、誰かをお客様役として練習台になってもらう、などの方法があります。私がセミナー初登壇のときは、受講生役として当時小学生の息子に聞いてもらった経験があります。もちろん、ただ前に座っているだけですが、それでも誰かに話しかけるという貴重な練習の時間となりました。

・モデルとする講師の動画をひたすら観る

話し方というのは一朝一夕で身につくものではありません。まずはモデルとする講師を見つけ、その動画をひたすら観ることをオススメします。

間のとり方、言葉の選び方など勉強になることがたくさんあります。また、繰り返し観ているうちに、憧れの講師の言葉が頭に入ってくるので、マインド面にもインストールされてくるという効果があります。

ちなみに、私が初セミナーをしたときは、不安で不安で仕方がなかったのですが、開催直前は自分の話す内容の練習もしつつ、憧れの講師の方の動画を繰り返し流し聞きしていました。本番では、あの憧れの講師が一瞬、自分の中に入ってきたような感覚になり、自信をもって話せるようになったことを覚えています。

・身振り手振りを大きく

自分では伝えているつもりでも、相手に伝わっていないこともあります。そんなときは、身振り手振りを大きくすることを意識しましょう。リアクションが大きいとエネルギーが伝わり、自信があるように見えます。笑顔と同じで、習慣化することがコツ。普段から意識していきましょう。

・ウケたネタは使い回す

まじめに小難しいことを伝え続けていると、聞き手は堅苦しく感じてしまいます。時折、場が和むような笑いの場があるといいですね。かといって、面白いことを言わなきゃと考えると空回りするだけです。

そこで、過去、ふとしたときにウケた言葉などがあった場合、1回でもウケたらそれを使い回しましょう！　同じ人が参加している場合は多くないと思いますし、仮に同じ人が参加していたとしたら、「これ、以前もウケたので使い回してます（笑）」と正直に言ってしまえば、さらに場が和みますよ。

Lesson 6

次につながる集合写真

講座のときに、写真を残しておくことはとても重要です。講座を開催したときは、必ず集合写真を撮りましょう。マンツーマンの講座の場合でも同様です。

集合写真は、講師が誰なのか第三者が見てわかるようにすること。あとでSNSで発信したり、募集ページに使ったりするときには、たいていの場合、見ている人は「どの人が講師なんだろう?」とあなたを探しています。ですから、「私が講師です」ということが伝わる写真にする工夫が必要です。

たとえば私の場合、毎回、受講生の後ろで椅子の上に立ち、手を大きく広げてポーズをとっていました。前に受講生が並ぶので、受講生にメインのスポットライトが当たりながらも、バックで手を大きく広げるポーズをとって盛り上げ役となることで、講師であることをアピールできます。

このように講師単体でポーズをとるのもありですし、受講生が共通のポーズをつくり、その真ん中に講師が位置するのも効果的です。集合写真は、楽しそうな講座だなというイメージを与えるのにとても重要な役割を担っています。「ギュッと密着して！」「笑顔で！」とアドバイスしながら撮影しましょう。

オンラインだと、みんなが集合するのは無理ですから、共通のポーズをとるのは絶対オススメです。

講座が修了した際に発行する修了書がある場合、修了書をもって撮影するのもお忘れなく。

また、集合写真以外にも、作業風景など途中経過も随時、撮影しておくといいですね。「こんな様子で開催しているんだ」というのがダイレクトに伝わります。作業中は撮りにくいというご意見もありますが、「こっちを向いてくださいー。にっこり！」などと声をかけると応じてくださいますし、そのお写真を後でお渡しすると、「私、こんな楽しそうに講座を受けてるんだ！」と喜んでいただけます。

写真は撮りっぱなしはNG！　今や必須の写真加工

忘れてならないのが、写真の加工です。

プロのカメラマンに撮影をお願いするケースはさておき、たいていは素人が撮影する写真です。撮影したままの写真は、暗かったり、逆光になっていたり、余計なものが写っていたりするものです。今は、アプリなどで簡単に加工できますから、最低限、講座が楽しそうに見えるように調整しましょう。

まずは明るく補正しましょう。暗く見える写真は絶対NGです。

ムダな部分はトリミングをしてください。ちなみに、オンラインでの画面撮影は黒縁で特にそっけなく見えるので、画像編集などしてかわいい枠をつけると楽しさ倍増で伝わりますよ！

なお、写真が1枚きりだと目をつむっていることもあるので、必ず複数枚撮るようにしてください。講師は笑顔バッチリなのに、受講生が目をつむっている……なんて、イヤですよね。写真をどんなふうに撮るかが、満席になるかどうかの大きな分かれ道と言っても過言ではないでしょう。

Lesson 7

ご感想は講師の宝物

受講後は必ずアンケートをいただきましょう。その理由は、自分の講座の振り返りのため、そして、次につなげるためのご感想として使うためです。

アンケートはフリーで書いていただくのもありですが、書き手は何を書いていいかわからないもの。「楽しかった」「また参加したいです」といった短文の回答ばかりでは、自分の振り返りや、次につなげるご感想としての役割が低くなってしまいます。

それを回避するために、アンケートの項目をいくつか用意します。質問項目のポイントは、**書き手のハードルを下げる**こと。総じてアンケートというのは、書き手にとって面倒なものです。その面倒なことをしていただくのですから、書いていただくことへのハードルがいかに低く、しかも長文のご感想を書きやすい質問にするかという工夫が必要です。そのためにはまず、日頃からの接し方が大切です。「先生のためなら、喜んで書きますよ」という関係性を目指したいですね。

よく「長いご感想をいただけません」というご相談を講師の方から受けますが、そんなときにオススメな方法をお伝えします。それは、講座後に毎回、参加者一人ひとりにメールやメッセージを送ることです。

講座中の写真を一緒に添えるなどして、

「今日はご参加ありがとうございました。○○さんのお写真一緒にお送りしますね。とてもいい表情で写られています。それに、今日は、○○の部分がとても上手にできていましたよね！　前回に比べて格段の上達っぷりです。次回は○○に挑戦してみましょう。いつも場を盛り上げていただくなど、とても助かっています。次回もお会いできるのを楽しみにしています！」

といった具合で、講座中のことと、受講生の人柄の両方に触れて、お手紙のように書いてお伝えしてみてください。そのお返事が長い文章となり、返ってくるでしょう。その気持ちのやりとりを複数回していくと、講師が励みとなるようなご感想が届くことになります。私自身、これまで何度もそういう経験があります。

受講生のご感想は、講師にとって一番の宝物。私たち講師の明日へのエネルギーとなり、講師としての最大の財産となります。

自分にダメ出しをしないこと

時には、開催後のアンケートを見て、「あそこが上手に伝えられなかった」などと落ち込むこともあるかもしれません。そんなときは、「私、よくがんばった！　次はこうしよう」と、まずは自分を肯定しましょう。

落ち込むようなご感想でも、それは問題意識や自分の課題に気づくチャンス。受講生からネガティブなお言葉を頂戴した際にはありがたく受け止め、改善の機会だと感謝の気持ちに切り替えることが大切です。

Lesson 8

懇親会でもっとファンになってもらおう

講座中は、つい講義の内容に集中しがち。受講生同士、一言も話さなかったなんてこともよくありますし、講師側も受講生の方がどんな人なのか、深く知らないまま終了してしまうことが少なくありません。

私は、講座の後に懇親会を企画することをオススメしています。

ランチ会でもお茶会でもいいですね。講座の時間を離れて、受講生と仲良くなれるチャンスです。講座中はなかなかプライベートなことまでわからないものですが、懇親会で話す機会ができると、仲が深まります。

受講生同士が仲良くなることで、次の講座に申し込みやすくなる効果もあります。

また、懇親会はご感想をいただける絶好のチャンスでもあります。ぜひ、「私の講座にお申し込みいただいた理由は何ですか？」と直撃インタビューをしてみてください。きっと、思いも寄らない答えが帰ってきますよ。

ちなみに、私がアイシングクッキーの講座の懇親会でこの質問をしたら、「他の先生とは違って、あい先生だけが顔出しをしていたので決めました！」というお返事をいただいたところ、他の方も「私も」「私も」とおっしゃるのです。想定外の答えに、「技術の高さとかじゃなくて、そこなんだ」と呆気にとられてしまいました。

懇親会が申し込みの決定打になることも

懇親会は、場所選びも大切です。ランチ会などはちょっとおめかししてお出かけしたくなるようなレストランや、話題のカフェなどを選ぶと、参加しやすくなります。

過去、私の受講生さんで「ランチ会がついていたから参加を決めました。他はそういうことしていないので」と、講座を選ぶ理由になったこともあります。

結局、どんな理由で選ばれるかなんて、わかりませんね。「楽しそうな雰囲気」「面白そうな先生」「仲間ができそう」……そんな理由で選ばれるのです。

Lesson 9

ファン化・リピートにも最適な動画活用術

今やオンライン講座が当たり前の時代。これまでリアルで活躍していた講師の方も、動画活用するケースが急増しています。

ここでは、講師にオススメの動画の活用方法を、いくつかご紹介します。

・動画を撮ることで動画を販売することが可能

講座の様子をそのまま動画にして、二次利用として販売することが可能です。リアル講座の場合は、講師の話す姿や、講師の手元などを映します。

オンライン講座の場合、Ｚｏｏｍを使っている方が多いと思いますが、Ｚｏｏｍには録画機能がついていますので、それを編集し販売することが可能です。動画編集は、「Vimeo」というツールがわかりやすくてオススメです。

なお、YouTubeに限定公開設定でアップロードし、その動画を販売すればいいと思われる方もいらっしゃるのですが、YouTubeは商用利用が不可です。規約に触れないよう注意しましょう。

・欠席した方への自宅学習用

講座当日、体調不良で参加できなかった……というケースはよくあるもの。あらかじめ録画視聴付きなどのサービスがあれば、キャンセルを減らす効果もありますよ。リアルで参加しても、オンラインで参加しても、復習用として動画がついているのは、うれしい付加価値ですよね。

・YouTubeをはじめるのも手

特に日本人は「話す」ことが苦手な人が少なくないので、YouTubeを開設して「話す」練習にするのもいいと思います。誰だって、最初は自分が話している姿を観るのも声を聴くのも嫌なものです。ですが、どんなに話上手な講師も必ず練習をしていますよ。YouTubeで発信しながら練習を積んで、苦手意識を払しょくしましょう。

Chapter 5

今日から変われる！
選ばれる講師に
なるための自分磨き

Lesson 1

「いつも満席！」の講師に必要な3つの力

ここまでみなさんの人生の棚卸しをし、そこからヒントを得た講座のつくり方、そして、満席にするまでの過程をお伝えしてきました。

Chapter 5では、「私らしさ120％」の講座を開催する講師として、どのようにあるべきかについてお伝えしていきます。

当然ですが、自分で講座を開催していくとなると、みなさんは「講師」になります。

では、いつも満席の魅力的な講師になるためには、どんなことが必要だと思いますか？

こう質問すると、多くの方はスキルや技術があることが大切と考えがちです。

それは決して間違いではありませんが、それは学校や塾など与えられた環境で講義をする場合に有効と言えます。与えられた場に来た受講者に向けて、必要な情報・知識だけをレクチャーすればいいからです。

ですが、私たちの場合はそれだけでは成り立ちません。スキルを磨いたり、技術を高めたりすれば人は集まると考えていると、そのことだけに奔走してしまいます。誤解しないでいただきたいのが、もちろんスキルや技術の向上に力を入れることも必要です。それは大前提の上で、魅力的な講師には次の3つの力が必須となります。

それは、

①講師力
②人間力
③ビジネス力

です。

この3つの要素がバランスよく配分されることがとても大切。どれか1つ欠けていても成り立ちません。

三輪車の車輪が1つでも外れていたら、もしくはパンクしていたら、進みたい方向へ進んでいかないのと同じです。行きたい方向へ、スムーズに進んで行くためには、どれも必要不可欠な車輪なのです。

以下、もっと細かく見ていきましょう。

①講師力

講師のみなさんは勉強熱心で、つい技術やスキルを磨きがち。もちろん、技術もスキルも、講師には必要です。でも、自分ができるようになることと、それを他者に教えることはまったく別物です。

「私、すごく勉強して、これができるの」というステージから、「私、これができるようになったから、あなたにもお伝えすることができるの」というステージへの変化です。

そう言ってしまうと途端にハードルが上がってしまいそうですが、ここではそういうことも必要なんだな、と覚えていただければ大丈夫です。

満席講座をつくるために必要な３つの力

講師力

- ☑ スキル
- ☑ 技術
- ☑ 教え方

人間力

- ☑ 人柄
- ☑ コミュニケーション力
- ☑ 自分軸

ビジネス力

- ☑ 集客力
- ☑ 売る力
- ☑ 市場を見る力

Point

行きたい方向にスムーズに走り出すためには、
３つの車輪が必要不可欠！

②人間力

大手の講座が内容や価格で選ばれているのとは違い、私たちは人柄重視で参加される場合が多いということ。「あなただから」と選んでもらえている、ということです。これも、おろそかにしてはならない力です。

たとえば、お客様とのやりとりなどに人間力が現れることがあります。それは、メールの送受信から、クレームが起きた場合まで、さまざまな場面で現れます。人と人とのコミュニケーション力にも関わる力ですね。

また、自身で講座をし続けていく上で必要なマインドも、これに相当します。自分で仕事をしていく上での心構えがグラつかないように、しっかりと自分の軸をもつことが大切です。

③ビジネス力

よくありがちな失敗パターンは、魅力的な技術・スキルさえあれば、お客様は自然とやって来ると考えてしまうこと。でも、どんなに技術やスキルを高めても、ただ待っているだけではお客様は来てくれません。

そこで必要なのが、集客力やマーケティング力です。つまり、世間に必要とされているることを、必要な人に届ける方法をもつということ。ざっくり言うと、リサーチ、商品設計、価格設定、仕組み化、セールスなどがこれに相当します。

どんなに小規模であっても、このビジネス力は欠かせません。なぜなら、売る力がなければ、それはただの趣味で終わってしまいかねないからです。

以上の3つすべてを、バランスよく備えるのが、魅力的な講師になるための道です。

ご自身の3つの力のバランスはいかがですか？

3つの車輪がバランスよく動いて、初めてスムーズに走り出します。ぜひ、チェックしてみてください。

本章では、これら3つの力を磨いて、魅力的な講師になるための考え方や習慣などをお伝えしていきます。

Lesson 2

「自分ブランディング」をしよう

「ブランド」と聞いて、何を連想しますか？　高級ブランドのバッグやお洋服でしょうか。そうやって考えると、ブランドというのは、自分にはとうてい関係のない、遠い存在のように考えてしまうかもしれませんね。

自分の考え方をしっかりもつこと。それだけで「自分ブランド」が出来上がります。

たとえば、こんな質問をしてみてください。

「どんな人生を送りたい？」

「どんな人に囲まれていたい？」

「どんなことをなしとげたい？」

これらすべてが、あなたを型どるもの＝象徴となります。

まずは形から入ることも大事！

次の質問です。

「そんなあなたは、どんな姿や言葉づかい、身なりをしている？」

頭の中に浮かんだイメージに近づくために、何か1つでもいいので、アイテムを購入し身につけてみましょう。それだけで、今よりぐっと気持ちが高揚してくるはず！そんな気持ちになれたら、次は「**そんな自分はどんなふうに見られたい？**」と質問してみてください。そうすると、あなたの発言や立ち居ふるまいに変化が訪れますよ。

私が最初に買い替えたのは、傘でした。屋号が「スマイルアンドリボン」だったので、リボン柄の傘を購入。私自身を「スマイルアンドリボン」の講師へと変身させてくれるアイテムとなりました。

自分ブランドは、誰かから「こうだよね」と決めつけられるものではなく、**自分自身でリードし、つくっていくことができる**もの。気づいた頃には、端から見ても、「自分で描いたイメージ」の私になれているはずです。

Lesson 3

「世界観」をつくろう

前項で、セルフブランディングについてお伝えしました。ですが、どうしても私たちは素人。イメージした印象によりググッと近づく手段として、プロの手を借りることもできますよ。

たとえば、ファッションコンサルタントや、カラーコーディネーターといった人たちがいます。ちょっとお金はかかりますが、その対価は大きなもの。**一気にセルフイメージも上がっていき、あなたをより未来の自分の姿へと導いてくれます。**

今の自分が未来をつくると考えるかもしれませんが、順序は逆。「先に未来を設定する」ことからはじめましょう。

自分だとつい同じようなイメージのお洋服ばかりを購入してしまいがちですが、プロは未来の自分に合ったお洋服をセレクトしてくれます。

「こんなの着ていいの？」というちょっぴりの気恥ずかしさを感じつつも、「こんな私になっていいんだ！」と、自分に許可を出せるようになります。

ファッションコンサルタントなどに未来のお洋服をセレクトしてもらい身にまとうことで、鏡を見るたび、**「私は○○の講師なのだ」と自己認識できるようになります。**

さらに、周りの人にも、「この人は○○のプロなんだ」というイメージを与えることができます。隣にいるような普通の人から何かを学びたいとは思いません。

かつて私は「講師は黒子」という意識をもっており、黒いお洋服ばかりだった時代があります。でも、思い切ってファッションコンサルタントの方に依頼し、選んだのはマカロンのようなパステルカラーのワンピースに、パールやビーズが施されたカーディガンの組み合わせ。フィッティングルームで袖を通し、鏡に映った自分の姿を見たとき、「初めてアイシングクッキー教室の先生になれた」と思わず涙でウルウルしてしまいました。

それ以降、一歩先を行く存在になれるよう、なるべく華やかなものを選ぼうと意識がガラッと変化しました。

「私は講師」というセルフイメージも同時にアップ！

自分のテーマカラーを決めることで、視覚情報に与える印象も異なってきます。

たとえば、赤は「情熱」「活力」、黄色は「愉快」「元気」、緑は「調和」「健康」、青は「知性」「信頼感」を与えると言われています。その他、ペールトーンにするのか、ビビットカラーにするのか、くすみカラーにするのかによっても、イメージは異なってきます。


自分がどんなイメージを与えたいのかを先に決めることで、相手に与える印象を自らつくり出すことができます。

みなさんは、どんなイメージで自分を見てもらいたいでしょうか？　どんな印象を与える人になりたいでしょうか？

それを決めたら、「今日は赤」「明日は青」というのではなく、「私のテーマカラーはこれ」と一貫性をもたせることで、**「何色と言えば、○○さん」**というように、あなたのイメージの定着を図ることができますよ。

さらには、**集まってくるお客様も同じようなイメージの方が多くなる**という現象をも生み出します。

私は、いつもピンク系の花柄ワンピースをよく身につけています。以前、ランチ会を開いた際に、こちらが指定したわけではないのにもかかわらず、参加者の多くが明るい花柄のワンピースを着てお越しになりました。

これには驚きましたが、聞いてみると、「同じようなイメージのほうがいいと思って、これと決めて着てきました」と口々におっしゃるではありませんか。

普段から私が印象を根づかせていたことで、その場を同じ雰囲気で過ごそうという気持ちを引き起こしたのだと感じ、うれしくなりました。

結果、ランチ会の集合写真は、服装によって統一感が生まれて、「今日のドレスコード」のようになりました。これも、無意識に与え続けている印象による効果ですね。

Lesson 4

「笑顔」を磨こう

いくらプロに頼んで外見を装ったとしても、「笑顔」を武器にすることほど強力なものはありません。どれだけ魅力的なコンテンツをもっていたとしても、どれだけ魅力的な見た目に仕立て上げても、「その人に会いたい！」「学びたい！」と思わせる最大の要素が**「笑顔」の威力**。人気の講師は総じて笑顔がステキです。

でも、「笑顔が苦手です」という方は結構、多いです。

笑顔がステキなあの人を見ると、どうやったらあんなふうに人前で笑顔になれるのだろうとうらやましく感じてしまったり。写真撮影のとき、笑顔で写ったつもりなのに全然笑っていないように見えて愕然としたり。

実はこれ、私の経験です。ＳＮＳで露出が増えてくると、写真を撮る機会も増えてきます。ニッコリ笑顔で写ったつもりなのに、なぜ私は引きつったような、ぎこちない表情なんだろうと、いったん投稿した写真を引っ込めた経験があります。

それ以降、笑顔の練習をするようにしています。

笑顔は1日にしてならず。日々の練習によって培われていくものなのです。よくよく考えてみれば、これまで人前で笑顔になることに意識をしていなかった人が、いきなりとびっきりの笑顔になるのは至難の技です。

顔の筋肉も使っていないと、笑顔慣れしていません。ある調査によると、子どもは1日に400回笑うのに対し、大人は1日に14回しか笑わないそうです。

鏡を見たら、「笑顔！」「笑顔！」「笑顔！」と意識して、とびっきりの笑顔を手に入れましょう。

笑顔をつくる「だるまさんがころんだ」ゲーム

ここでひとつ、とびっきりの笑顔をつくり出す方法をお伝えしましょう。

その名も、**「だるまさんがころんだ」ゲーム**。誰でも幼い頃に楽しんだ「だるまさんがころんだ」、あの遊びを笑顔に取り入れます。

方法は簡単。複数人数いると効果的ですが、1人でも可能です。

自分は壁に向かって立ちます。反対側には他の人がいます。

「だ・る・ま・さ・ん・が・こ・ろ・ん・だ！」

と言って、後ろを振り返った瞬間に、笑顔をつくる！

「だ！」のとき、自然と口が開きますし、いい大人になって「だるまさんがころんだ」をしているという自分自身に面白くなってきて、自然と笑顔になれちゃいます。

「だるまさんがころんだ」ゲームは、瞬時に笑顔をつくり出す練習になります。ゲームを通じて笑顔の形状記憶をしていくのです。

すると、人前でとっさに、いつでも笑顔をつくれることができるようになります。

たとえば講座のとき、扉を開いてお客様をお出迎えする場面で、お会いした瞬間にとびっきりの笑顔を印象づけられます。

また、オンラインの画面越しに、いつでもとっさに笑顔になる力が備わりますよ。

Lesson 5

完璧を目指さない時間と感情の管理術

女性起業家のお悩みナンバーワンとも言える、時間管理。私のところへ寄せられるお悩みで3本の指に入ると言っても過言ではありません。

講師の場合、「事前のテキスト作成」「スケジュール調整」、あるいは「試作」「レシピおさらい」「サンプル撮影」などに時間を使います。それに加えて、多くの女性の場合、妻・母・娘という顔の中に、家事の時間、子どもの習い事の送り迎え、PTA活動、介護など、男性とはまた違ったさまざまな顔をもちながら生きています。元々時間がないという状態から、さらに時間がないという状態になってしまうようです。

ここで私がいつも言うことは、たったひとつ。

「**完璧を目指すことを手放しましょう**」ということです。

みなさん、とても真面目なのですべてを完璧にこなそうとしてしまい、やがて自分を追い込んでしまうことが起きてしまいがち。

意外と完璧にやらないほうが、家族が手伝ってくれるということに気づけることもありますし、ちょっといい加減くらいが気持ちも楽になれるかもしれません。

完璧を保ち続けることが苦しくなるようでしたら、手放すチャンス到来と考えてみるといいですよ。

スキマ時間も有効活用！

そして、女性はマルチタスクが得意なので、**スキマ時間を有効に使っていくのも手**。ちょっとしたスキマ時間がないか、目を光らせてみてください。5分×6回で30分になるのですから、見逃すともったいないです。

それから、意外と不必要なことに時間を費やしていることもあります。たとえば、そのテレビ番組を見るのが本当に必要でしょうか？　ＳＮＳをつい何分も見続けていることってないでしょうか？

チリも積もれば……なので、1日の時間を見直してみると、時間が結構あるということに気づくかもしれません。

もっといい方法は、**自分じゃない人でもできることはやらない**という選択です。外注したり、自分の苦手分野を得意な人に任せてチームで動くという方法です。

たとえば、受講生の中にパソコンスキルに長けている人がいたら、参加者名簿などのデータ管理をお願いしたり、デザイン力がある人には資料作成をお願いしたり。SNSの代行投稿をお願いしたり。自分ですべてを抱えず、得意な人に任せてみるのもひとつの手ですよ。

自分のご機嫌をとるモチベーション・コントロール

時間管理と同じくらいお悩み率の高いのが、「自分の感情を操る」ということ。別の言い方をすると、モチベーション・コントロールですね。

私たち講師は、自分の講座を開催していくにあたり、うまくいくことばかりではありません。募集をしても思った人数が集まらなかったり、SNSで発信していく中で傷ついたりすることもあります。

誰でも感情の波はあるものですが、自分の気持ちが下がったり上がったりすることによってやる気に影響を及ぼし、行動にムラができてしまいます。行動にムラができるということは、目標に向かって行動し、達成するまで行動を持続させることに支障が起きているということ。

つまり、モチベーションの維持（自分の感情を操る）ということができないことによって、目標達成ができないという結果になります。逆に、モチベーションの維持ができるようになると、目標達成が叶うということとも言えますね。

Lesson 6

家族を味方につけよう

活躍する講師になるために忘れてならないのが、家族を味方につけるということ。

これまでお伝えしてきたすべてのことがパーフェクトにうまくいったとしても、実は、この家族を味方につけるということが一番大切と言えるかもしれません。

自分の仕事だからと、家のことと区別したり、自分でがんばればそれでいいというものではありません。つまり、ひとりよがりにならない、ということです。

私たちが講師として活動する姿を、家族に目の当たりにしてもらう機会はなかなかないと思います。だからこそ、目に見えない分、あなたの講師としての仕事に対する姿勢や想いを伝えることが大切。

特にパートナーは一番身近であるからこそ、一番の理解者になってもらうことが、「私らしい講座」を続けていく大本命と言えます。

では、どんなふうに理解者になってもらうのかというと、それは、**応援してもらう**ということ。わかってもらうだとか、助けてもらうだとか、そう言ったこともちろん大切ですが、なにより応援者になってもらうことです。

そのためには、まずは、あなた自身が講座を開催することによって何を成し遂げたいのか？　どんな人の役に立ちたいのか？　その想いをぶつけてみましょう。アツい想いであればあるほど、誰も邪魔はできなくなります。そして、その想いを応援したいと、一番身近な家族が応援者になってくれるはずです。

もっと言うなら、そのあなたががんばっている姿を見て家族も感化され、がんばってみようと新しい想いのタネをまくことになるかもしれません。夢に向かって、一緒に成長していける関係ができることがあるのです。

「なんだか俺も新しいことに挑戦してみたくなった」

「自分の好きなことに夢中になるのっていいね」

など、新しい価値観を共有できるようになったり、夢中になってがんばっているあなたを見て、自分の中にある「本当はこうしたい」という願望を重ね合わせて擬似体験的に夢を叶えていたり。なにより、笑顔で目標に向かっているあなたの姿が、パートナーにとっての最大の喜びでもあるのです。

負のループに陥らないようにしよう

逆に、この一番身近な家族の応援をおざなりにしてしまうと、歪みが生じてしまうことがあります。

なぜかと言うと、一番の理解者でありたいと思っている相手に対し、「私1人でがんばる！」「私の問題だから、理解されっこない」といった気持ちを抱えて行動を進めていけばいくほど、温度差ができてしまいます。

特に、講師としていろいろなタスクをこなす中で、家事や育児に追われて「時間がない」という現象に拍車がかかり、「私ばかりがこんなにがんばっている」と憤りを感じてしまうことも……。そんな押さえ込んだ気持ちが膨れ上がっていくと、不満や苦痛となり、パートナーに当たってしまうなどの行為に出てしまいます。

夢に向かってがんばっている中で、うまくいかない理由を知らず知らずのうちにパートナーや環境のせいにしてしまうという負のループにハマってしまいかねません。そうならないためにも応援者になってもらい、常に感謝の気持ちを忘れないようにしましょう。

「そんなにイライラするくらいなら、やめてしまえ！」と言われてしまったケースや、目の前の成果に夢中になるがゆえにパートナーの存在を二の次にして淋しさを与えてしまうケースも。常に「あなたのおかげで」という言葉を繰り返し繰り返し伝えていきましょう。「察して」モードではなく、ダイレクトに伝えることがポイントです。

本章でお伝えした魅力的な講師になるための自分磨きは、満席講座づくりの土台となる部分です。いくら集客のテクニックを得ようとも、受講生の方たちとの濃い関係を築くことはできません。

数字や目先の結果ばかりに心奪われるのではなく、あらゆる角度から自分自身に磨きをかけていくことを忘れないようにしたいものです。

Chapter

6

お客様と末永くつながる！アフターフォロー

Lesson 1

一度来てくれたお客様がまた来てくれるアフターフォロー

講座に参加していただいたお客様は、講座終了後も「はい、さようなら」とならず、末長くお付き合いしていけると理想的です。せっかくあなたの講座を見つけて、選んでくださったのですから、つながりを続けていきたいですね。

そのためには、アフターフォローでお客様の気持ちをガッチリつかむということを意識しましょう。ガッチリと言うと、羽交い締めして離さないような印象ですが、そうではなくて、心をつかむイメージです。

ポイントは、**「講座の内容もとてもよかったけど、この人間関係を続けていきたい」「一緒に学んだメンバーとさらに時間を過ごしたい」**という気持ちを引き起こすこと。

講座の内容にのみ、講師にのみ興味や関心をもってもらうのではなくて、もっと深い関係づくりに価値を見出していただくのです。

もちろん、私たちは参加者の方からお金をいただいて、講座を開催しているわけですが、提供しているのは知識やスキルだけではありません。

私たちは「人と人とのつながり」を無意識に求めている生き物です。その「人と人とのつながり」を大切にしていくと、お金をいただくということ以上の価値に気がつきます。

もしかしたら、あなたの講座が生まれたのも、「人と人とのつながり」が本来の目的だったり、心の奥底の願望だったりするかもしれません。

本書ではここまで、自分自身の棚卸しにじっくり取り組んでいただきました。

「**自分は、なぜ、その講座をやりたかったのだろう？**」

本章では、そんな問いも自分に投げかけながら、お客様との末永いつながりについて考えてみてください。

Lesson 2

次の講座を考えよう

「講座が終了した！」となると、次の学びにも力を入れたくなるもの。もっと学びたい。もっと深い知識を得たい。もっと成長したい。もっと変化したい。もっとこの講師から学びたい。もっとこの仲間と一緒に過ごしたい。そんな願望があふれてきます。

そこで、2つのパターンをご紹介します。

3回受講がオススメの「リピート」

1つ目が、「リピート」です。講座の内容にもよりますが、なかなか1回受講しただけでは、習得という意味においては不十分に終わってしまいます。「概念は理解できたけど、実践までいけなかった」「実践をしてみたけど、もっと自分のものにしたい」という場合、同じ講座を複数回受けることをオススメしましょう。当然、再受講をしたほうが習得度は増していきます。

ちなみに私は以前、「3回受講するといいですよ」と主催者の方に言われ、同じ講座を3回受講した経験があります。最初は「再受講だなんて必要あるの？」と驚きましたが、再受講するたびに、見える世界や気づきが異なりますし、より習得度や理解度が深くなるといういいこと尽くしの効果がありました。

あらかじめ、「再受講」用の設定を用意しておくとオススメしやすいですね。

再受講制度でポイントとなるのが、価格を1回目と同じ価格にするのか、再受講割引の価格にするのかです。

私は割引にするのをオススメします。なぜなら、「それなら再受講しようかな」と気軽に申し込んでいただけたり、お得感が関わり続けたい気持ちを後押ししてくれるからです。ぜひ、「再受講制度」を用意してみましょう。

さまざまなレベルの講座を用意しよう

再受講以外には、**講座の発展形**を用意するのも大切です。同じ講座を複数回という形式ではなく、最初に受けていただいた講座が「ベーシックコース」だとしたら、その次は「アドバンスコース」を用意するなどです。

初級・中級・上級であったり、インストラクターコース、資格取得講座、講師認定講座などがこれにあたります。講座内容をレベルアップしていくということですね。

人は常に成長したい生き物です。講座内容を発展させていくことで、「より成長できる自分」に出会える場を参加者のみなさんに提供していきましょう。

常に「上のコース」があるということをアナウンスして、夢や希望をもちながら受講していただきましょう。そうすれば、次の講座につながりやすく、参加者の成長速度も加速していきます。

修了証書やディプロマ（卒業証明書）などを授与するのも、モチベーションになっていいですね。自分が何かを成し遂げた証として証書がもらえたり、認定されたり、資格になるということは大きな自信につながります。大人になってから証書を手にする機会はぐっと減りますので、喜びもひとしおなのです。

証書は外注して素敵なものをつくってもらうこともできますし、自分で印刷することもできます（「修了証書 テンプレート」などで検索してみてください）。証書を手にした受講生さんと一緒に写真を撮ると、いい記念になりますよ。

これらは、今開催している講座が終了する前から準備をはじめることをオススメします。再受講同様、終わった直後が一番「もっと学びたい」という気持ちになるからです。鉄は熱いうちに打て！　というわけです。

私の場合、初めてつくった講座にすべてを出し尽くしたという気持ちで、次の講座を考える余地もなかったのですが、受講生の方から「先生、次のコースはありますか？」と聞かれ、あわててつくった経験があります。

Lesson 3

コミュニティをつくろう

次の講座を用意すると同時に用意していただきたいのが「**コミュニティ**」です。コミュニティの語源は「共同体」と言われています。定義はさまざまありますが、ここでは「同じ目的や想いをもった仲間の集まり」という意味合いでお伝えしていきます。人は「所属意識」がある生き物です。誰かと関わっていることで安心するというものですね。そこで、講座中や講座後に、コミュニティを意識したグループをつくることをオススメします。

たとえば、Facebookのグループ、ＬＩＮＥのグループ、Instagramの非公開アカウントなどが活用できます。そのグループのみにしか提供しない情報を提供したり、定期的にランチ会・お茶会などを計画してみたり。最近では、Ｚｏｏｍでの交流会なども増えました。そういった講座以外での交流の場を設け、講座では得ることのできなかった受講生同士の時間があることにより、「ここにいると、いいことがもっとありそう」という気持ちになっていきます。

もっと言うなら、「**一生お付き合いできるような仲間に出会えた**」という気持ちにさえなることも。特に大人になってからの出会いというものは、とても貴重です。大人になると、学生の頃のように新しい友人が増えにくくなるものです。会社や家庭といった日常での関係性以外でちょっと心を許し合えたり、共通の趣味や学びの話題に花を咲かせる人間関係を築くことで、心の充実度が増していきます。

コミュニティは無料で運営してもいいですし、月額制や年単位での会員制にしてもいいと思います。

また、コミュニティを運営していく中で、次なるリーダーの発掘につながることもあります。リーダーシップを発揮できる人や面倒見のいい人など、この人なら任せてもいいなと思える人材がいたら、自分の講座運営を任せてもいいかもしれません。長期的に講師として安定的に活動していく環境をつくるために、いずれ必要となってきます（次項で詳しくお伝えします）。

Lesson 4

次のステージに進もう！

講座を開催していくと、次のステージに進む道も開けてきます。

受講生がどんどん増えていくと、「私もこの講座を開くことはできますか？」と尋ねられることがあります。そのとき、受講生の次なるステージに向けた講座を用意しておくことで、受講生たちがスムーズに次なる道に進むお手伝いができます。

たとえば、**「講師養成講座」「資格取得講座」**など、あなたの講座を開催できる講師を育てる講座です。

さらに発展させると、社団法人として**協会**を設立していくのも、ひとつの方法です。協会という組織にしていくことで、あなたの知識やスキルを教える講師を増やしていくことができ、全国的に展開していくことができます。

協会にすると、一定の教材やカリキュラムを協会本部から支給したり、年会費、マージンという制度によって協会をとりしきっていくことになります。

他には、**法人化**という道もありますね。個人ではじめた事業が大きくなっていくことにより、会社（一般的には株式会社）を設立し、法人組織として事業を引き継いていく形式になります。

法人化はタイミングも大事ですし、行政への届出や税金などのことなどもありますので、まずは司法書士や税理士などの専門家に相談しましょう。

講師であるあなた自身がアップデートして成長していこう！

長く講師を続けていくためには、講師自身の研鑽を続けていくことが大切です。時代の流れはとても速く、情報も多様化し、どんどん新しいものが生まれていきます。

過去の経験にとどまることなく、私たち講師自身が常に前を向き、新しい情報を取り入れ、勉強を積み重ねていくことで、「ここで受講したい」という気持ちをもってもらえるようになります。

ぜひ、一緒にアップデートし続けていきましょう！

これまであれこれ書いてきましたが、いちばん大切なことは、目の前にいる人に「私が何をしたら役に立てるか、「問題解決」につながるものは何かを考えることです。そのためには、誰かを応援できる人になりましょう。

誰かの応援をするときには、応援する人や読み手にとってのメリットをあなたの視点で考え、それを文章に乗せて発信するでしょう。たとえば、それが誰かの講座の場合、あなたの発信を見た人が「あの講座に申し込みました」ということになれば、あなた自身の講座をも満席にする力がついてきます。他者目線を身につけてこそ、自分の講座のよさを語る術が身につくのです。

あなたが満開の笑顔で発信した先に、必ず未来のお客様がいます。あなたの投稿や姿にエネルギーをもらい、「あなたに会いに来ました」ということが必ず起こります。それらを一つひとつ積み上げていけば、「あなたらしい満席講座」が叶うはずです。

次章では、そんな「私らしさ120％」で活躍されている11人の講師のみなさんを紹介して、本書を締めくくりたいと思います。

Chapter

7

「私らしさ120％」で活躍している11人の講師

Lesson 1

お母様への想いを込めた「にじいろのおててあーと」

ハワイアンリトミック教室「プルメリア」主宰 Ｍｉｋｕ（東未来）
https://www.instagram.com/plumeria_hawaiianrhythmic

兵庫でハワイアンリトミック教室（幼児向け音楽教室）をされている東未来さん。ハワイアンリトミック教室の活動の他、「にじいろのおててあーと」という講座を開催しています。

リトミック教室は、音楽だけではなく、お子様やお母様も楽しめる「工作遊び」を取り入れることがあります。中でも、最近大人気の「手形アート」をつくる際には、お子様をあやしながら作業をしなければならない状況でした。

この様子を見て大変そうだと感じた未来さん。従来のインクを使って手形をとる手形アートの方法とはまったく違う、「インクが手につかない新しい制作手法」を考案。感染対策にも配慮した「にじいろのおててあーと」が生まれました。

既存のものから、お客様のニーズをうまく引き出し、新しい独自の講座として考案された内容は、お母様やお子様の笑顔をよりたくさん見たいという想いから生まれたものです。

また、この講座のもうひとつの原点は、未来さんご自身のお母様にも起因しています。未来さんのお母様は、メラノーマという皮膚がんの一種によって他界されました。お母様ご自身も、ピアノやリトミック講師として活動されていた最中での発病でした。

このことから、「にじいろのおててあーと」のアンバサダー認定費用や活動収益の一部を「メラノーマ患者会Over the Rainbow」へ寄付する活動も行っています。

幼い頃からたくさんの生徒さんに囲まれ、ピアノ・リトミック講師として活動されていたお母様の背中を見ながら育った未来さん。

しっかりとその想いの架け橋となり活動されていることが、「にじ（rainbow）」という言葉から感じ取ることができます。

Lesson 2

カルチャーセンターで開催！パーソナルカラー講座

カラーアナリスト アン松吉（松吉玲子）
https://ameblo.jp/mugen-color-club/

兵庫でカラーアナリスト（似合う色の分析・提案など）として活動されている松吉玲子さん。ご自宅やオンラインでも「アラフィフからの生き方改革」などのサロン活動をされています。

玲子さんは、お住まいの地域のカルチャーセンターからお声掛けされ、講師として講座を開催しています。講座の会場となると、ご自宅やレンタルスペースなどをメインに考えがちですが、カルチャーセンターという公の場で講座をする選択肢もあるのです。

カルチャーセンターでの講師の枠は、自分でエントリーする方法がありますが、玲子さんは、カルチャーセンターの所長さんから直々にお声がけいただいたそうです。その背景には、所長さんが玲子さんのブログを見つけて興味をもち、実際に講座を体験されたことがきっかけとなったようです。

玲子さんのブログを中心とした発信には、ご自身の経験を赤裸々に書いた記事がたくさんあり、その等身大の内容が共感を呼んでいます。同業者も多い世界でありながら、玲子さんが選ばれている要因だと思います。

ありのままの自分をさらけだすことで、同じメニューを扱っている中でオンリーワンの存在となり、「あなただから」と選ばれた好事例です。

おそらく、おひとりおひとりのお客様を大切にする姿勢も、受講生として参加した所長さんの目にとまった一因でしょう。

カルチャーセンターで枠をいただくというのは、講師としての肩書にもハクがつきます。誰でもが選ばれるわけではない立ち位置を得ることができたのは、玲子さんのお人柄や信頼感によるものだと思います。

Lesson

3

自分の得意を活かした「電子書籍出版オンラインスクールCR」

「電子書籍出版オンラインスクールCR」主宰　ベルナードいずみ
https://ameblo.jp/laso1129/

沖縄で、「夢が叶う」のを当たり前にしたいとフリーランスとして活動されているベルナードいずみさん。ご本人は国際結婚をされており、フリーランスとしてのブログの他、国際結婚について綴ったブログも別でおもちです。

国際結婚ブログを「いつか本にまとめたいな」という想いを抱いていた、いずみさん。「電子書籍なら叶えることができる！」と思い立ち、Kindleから電子書籍を出版したところ、アマゾンランキング6部門で1位を獲得。出版したことで、これまでにない喜びを体感されました。

このご自身の経験から、本を出すのは別世界と思いつつも、「いつか出せたらいいな」という人の夢を叶えたいと、4カ月で出版を叶える電子書籍オンラインスクールを立ち上げられました。

スクールは、これまで１００冊以上の表紙を手掛けているデザイナーさん、文章やタイトルを俯瞰して見てもらえる編集者さん、そして、集客や進行など全体のナビゲートをするいずみさんの３人でタッグを組まれています。

スクール名の「ＩＣＲ」は３人の頭文字とのこと。講座を開催する際、１人ですべてを抱え込み大変になってしまうパターンはありがちですが、各々の得意分野を存分に発揮できるスタイルは理想的ですね。

また、いずみさんご自身は人を応援したり、巻き込むのが得意なインフルエンサーさん。電子書籍チームも人とのご縁を大切にされたからこそ適役に恵まれたことに繋がっています。

受講生さんもどんどんアマゾンランキング1位を獲得され、中には新聞社からの取材依頼もきたりと大活躍！

自分の夢を叶えたからこそ、みなさんの夢を叶える場所を提供したいという、いずみさんの想いが込められた講座と言えます。

Lesson 4

沖縄の働く女性の底上げを目指す「ゼロスタート起業女子サポート」

「起業プランナビゲーター　橋本千春
https://ameblo.jp/okinawanowa5/

沖縄で、ゼロから起業したい女性を対象にサポートをしている橋本千春さん。「沖縄は低賃金ゆえに共働き・Wワークも当たり前で、働くお母さんの余裕のなさを目の当たりにしてきました。子どもが大きくなるほど、その傾向が顕著で、子育てに後悔している人の話もたくさん聞きました」という千春さん。

もともと関東にお住まいでしたが、ご主人の転勤で沖縄に住むことに。環境が変化し、地域の方と触れ合う中で生まれたのが、この「ゼロスタート起業女子向けサポート」です。

新しい価値観に触れ、本当にやりたいことを抑える生き方ではなく、自分の望む生き方を選択し、時間も余裕のあるイキイキとしたお母さんを増やしたい！　そのために、まずは自分自身が起業して、自分が望む収入を自由に得る姿を自ら示し、その仲間を増やしていく方法がいいと考えたという熱い想いをおもちです。

人の話に耳を傾け、その人の強みや課題を見つけるのが得意な千春さんは、沖縄のみならず県を飛び越えて、起業家のサポートをされています。

沖縄の働く女性の環境を支援したいという想いと、「沖縄女性の収入の底上げ」をミッションに掲げることで、子どもたちの心からの笑顔にもつながるとも考えており、沖縄の未来をも見据えたビジョンを掲げています。

活動内容としては、沖縄の食問題に関わるクラウドファンディングのサポートや、沖縄で活躍する女性起業家さんの持ち味を活かしたセミナーを企画するなど、スタイルにこだわらず自由な発想で活動されています。

過去をひもとき、自分の目指すミッションが見つかったことで、迷わず活動に邁進されているという、まさに「私らしさ」に直結されたスタイルを確立されています。

何より、千春さん自身がイキイキと楽しそうに活動されていることが、「あなただからお願いしたい」と信頼につながっている例だと言えます。

Lesson 5

人気ドラマのメニューを再現した韓国料理講座

韓国料理教室「ポンデミキッチン」主宰 佐久間永見子
https://www.instagram.com/emiringo888

東京で韓国料理教室「ポンデミキッチン」を主宰されている佐久間永見子さん。美と健康を韓国料理や発酵料理を通じてお伝えされています。

全国から生徒様が集まる大人気教室ですが、その人気の秘密は、圧倒的な韓国料理や発酵料理への探求心と、それを惜しみなく伝える姿にあると思います。Instagramでも華やかな料理写真を発信されており、目でも楽しませてもらえます。

そんな中、新しくつくった韓国家庭料理のオンライン講座は、人気の韓国ドラマに出てくるメニューを再現する構成でリリース。これまで待ち望んでいた全国にいる永見子さんファンも受講できるオンラインレッスンによって叶いました。

韓国ドラマが日本でも人気があり、また免疫力や健康への意識が高まっているという時流を捉え、コロナ禍で一気に普及したオンラインで配信するという、お客様のニーズがマッチした講座だと言えます。

この講座は人気女性雑誌や地域誌でも取り上げられ、話題となりました。

講座の内容は、オンラインだからこその工夫もたくさん。資料や調味料などが事前にお送りするというのも、手元に届いたときからワクワクする演出です。調味料はすべて自家製のものにするという徹底したこだわりは、オンラインであっても味の再現性を大切にした講座だからこそ。人気の理由がわかりますね。

韓国人のお母様から伝えられた韓国料理の味をみなさんに味わってもらいたい、という想いを胸に携えて活動されている永見子さん。ご自身の幼い頃の思い出が、今の仕事につながっていて、永見子さんならではの講座になっています。

Lesson 6

オンライン化の時代にマッチした「楽リッチオンライン講座」

「楽リッチオンライン講座」主宰 伊藤有美
https://felizweb.com/

千葉にお住まいの伊藤有美さんは「楽リッチオンライン講座」を開催されています。ワードプレスなどのブログやホームページをつくったり、指導するのが得意だった有美さん。もともとはポーセラーツというお皿のデザインをするお教室をされていました。

コロナ禍になり、お教室運営ができない状況の中、何か他のメニューを考えることはできないかと考えた結果、もともとおもちだったワードプレスの知識を使って、オンラインで自分の動画コンテンツを販売できる方法を考案しました。受講生は実働時間が減り、自分が働かなくても売上が立っていく仕組みになっています。

また、動画販売というスタイルが、これまでの活動範囲を大きく広げ、忙しい女性起業家やパソコン作業が苦手な女性起業家にとって、ありがたいサポートとなっています。

この講座が生まれた背景は、お教室の先生たちが時間を切り売りするような運営形態に疑問をもっていたり、パソコン作業に苦手意識がある先生が多いと感じていたことです。ワードプレスの知識という自分の強みを活かし、オンライン化がこれから加速していくというニーズにうまくマッチした講座として大人気です。

苦手なことを代行してくれる人の存在はありがたいですよね。ワードプレスの製作業者はたくさんありますが、オンライン化をしたいけど自分ひとりでは無理と悩んでいる女性起業家向けにとって、有美さんは救世主と言えます。

また、有美さんご自身も、これまでのお教室運営からオンライン化へとスタイルチェンジしたことで、自分の時間や収入も増えて、とても楽しい時間を過ごされているようです。

Lesson 7

自分の素質を活かした「スラッシュキャリアの作り方講座」

「スラッシュキャリア」代表 山﨑智子
https://yamatomo2.com/

千葉にお住まいのやまともさんこと、山﨑智子さん。金融のお仕事をされていた元バリキャリです。結婚後はエステティシャン、顔筋マッサージ、素質を使った統計心理学に基づくi-color診断、起業サポート、大学での講師など、いろんな顔をもちながら活動されています。

どれか1つに絞って仕事をするのではなく、自分のやりたいことはすべてやることで、「人生は自分で決め、自信をもって実現していく」というミッションのもと、「スラッシュキャリアの作り方講座」を展開されています。

スラッシュキャリアとは、複数の仕事や活動を掛け持ちし、「／（スラッシュ）」で区切る、多様な分野やスキルにまたがるキャリアを築くこと。エステティシャンとして活動していく中で労働時間の限界を感じたことから、働き方を見つめ直し、自分の素質を知ることで、その人それぞれに合った働き方があるということを、自身の経験をもとにアドバイスしています。

お客様が何を求めているのかを的確に見抜く金融時代に培った営業力。そして、これからの副業時代において、今のキャリアも大切だけど、もっと何かできないだろうかと考えているバリキャリに向けてのエール。自身の経験を踏まえて、その人に合った進むべき道を照らしてくれる存在として、海外からのお客様もいらっしゃるという、女性の憧れ的存在です。

やまともさんの経験してきたことを表に出すことで、受講生が共感や親近感をもち、自由に人生を謳歌するやまともさんのライフスタイルに自分の未来を投影しているのでしょう。

自分の過去の経験を余すことなく活かし、お客様のニーズにぴったりと合った講座の提案ができていると感じます。

Lesson 8

技術を体系的に学んでもらえる「ソウタシエ作家養成講座」

ソウタシエアクセサリー作家　武ともこ
https://www.instagram.com/atelierlilies.beads/

滋賀にお住まいの武ともこさん。ソウタシエアクセサリー作家として、お教室や販売をしています。大手百貨店での販売出展や、ビーズアートやジュエリーアワードなどさまざまな受賞歴もあり広くご活躍されています。

「ソウタシエ」とは、中世ヨーロッパの貴族が着る衣装を豪華に装飾する伝統的なコード刺繍のこと。まだまだ知らない人も多いアクセサリーの分野です。

アクセサリーの販売やレッスンを通じて、「ソウタシエアクセサリー」をもっと知ってほしいという思いから、「ソウタシエ作家養成講座」を開講。作家養成講座にすることで、自分ひとりの力ではなく、同じ技術を持った作家を生み出すことで、ソウタシエアクセサリーを全国に広めるツールとなっています。

これまでの1レッスン1つの技術という形式から、体系的に技術を盛り込み、数作品完成させることで、応用力のある作家に育てることができるのも講座形式ならでは。復習面でのサポートも万全で、習得するまでの不安材料を払拭できるカリキュラムとなっています。

また、対面でのレッスンはもちろんのこと、オンラインでも対応できるため、距離や時間など関係なく、その技術を習得できます。遠方にお住まいの方もオンラインで受講できるのが魅力です。

加えて、ともこさんご自身もこのまま人生が過ぎていくのだろうと半ば悲観的だった時期もあったようですが、オンラインでつながることで滋賀のフィールドを飛び出し、不可能が可能に変わることを実感したようです。

自分が全国に技術を広めたい想いと、それを共有する仲間ができる喜びは何物にも代えがたいですね。

Lesson

9

忙しいママを応援する「おうちおやつレッスン」

「comorebi キッチン」主宰　高科和世

https://www.instagram.com/comorebi_tea/

滋賀と愛知で、発発酵調味料と自然食材でつくる簡単安心おやつと心ほどける紅茶の教室「comorebi キッチン」を主宰されている高科和世さん。

環境の変化や産後に伴う心身の不調がきっかけとなり、身体にやさしい食材でお菓子づくりをはじめました。そして、その汎用性の高さや体調に及ぼす効果を感じ、お教室として開業したのです。

研究熱心で、喜んでもらいたいという想いから、すべてがオリジナルレシピだそう。Instagram では、写真だけでも「おいしそう！」があふれ、見る人の目を潤しています。

和世さんと同じ、世の中のお母さん方は毎日家事に育児にとても忙しい。でも、我が子には愛情たっぷりのおやつをつくって食べさせたい！　「ただいまから30分で出来上がるおやつ」というコンセプトが、その想いを物語っていますね。

そして、単発メニューとして提供していたものを「おうちおやつレッスンベーシック講座」「紅茶レッスンベーシック講座」「おうちティータイムレッスン講座」とコースに展開。受講生がおうちで再現できるようなメニューを構成されています。どの講座も即満席の大人気講座です！「レッスン内容がよかった」というのはもちろんのこと、「これからの食生活の改善」といった意識変化や、さらには「先生の人柄が好き」「先生に習えてよかった」など講師自身へのお褒めの言葉もあり、喜んでいるとのことでした。

お母さんたちの安らぎの場となり、子どものためのおやつづくりや、ほっと一息つける紅茶タイムなど、心ほどける時間や空間の提供といった「物」以外の価値を感じてもらえる事例です。

Lesson 10

お子様に英語を話せるようになってほしいママのための「おうち語りかけ英語」

0－6歳ママ向け英語の語りかけコーチ　あきは
https://www.instagram.com/bbenglish_akiha/

子育てをしながら、ママ向けに英語の語りかけコーチをしているあきはさん。大阪在住ですが、オンラインを使って、全国の受講生に向けて講座を開催しています。

あきはさんは「英語が話せない」という長年のコンプレックスをおもちでした。英語をペラペラに話したいという願望がある方は多いかと思いますが、子どもも英語が話せるように育てたい！　と願う方は少なくないのではないでしょうか？

あきはさんは、いわゆるＴＯＥＩＣなどの高得点を狙ったり、受験用として学ぶのではない部分にフォーカスすることが、英語がペラペラになる秘訣だ！　と着目しました。これらは、あきはさんご自身が学校英語を猛烈に勉強してきて成績は優秀だったにもかかわらず、留学先では挫折をした経験から生まれた講座です。

過去の経験の棚卸し、そして、自分の講座の受講生に何を提供したら喜んでもらい、結果につながるだろうということを、徹底的に考えた講座だと言えます。

また、小さなお子さんを育てながら、自分の得意なことを仕事にしていこうと考えたとき、オンラインで開催したというのは、とても有効な手段です。

大人気講座は数カ月先まで満席！　全国に生徒様をおもちで、あきはさんご自身も「こうやって仕事ができること、お役に立てることが何よりうれしくて幸せ」だとおっしゃっています。

ご自身の電子書籍『グングン伸びる英語力！　ママも子供もおうちde語りかけ英語』を出版し、ベストセラーとなっています。英語が当たり前に使える日本社会を目指すという熱い想いが、多くの方の心に届いたことでしょう。

Lesson 11

パソコンが苦手な講師向けサポート「パソッとティーチャー」

「パソッとティーチャー」主宰　田中綾子
https://ameblo.jp/pasotto-teacher/

横浜でハンドクラフト教室を主宰されつつも、パソコン教室の講師の経験もある田中綾子さん。ご自身のパソコンのスキルを活かせるメニューとして、お教室の先生を主とした女性起業家向けパソコンサポートメニューを提供されています。

今や、仕事をする上で欠かせないのがパソコン作業。いくらコンサルタントや起業塾で集客などのノウハウを学んでも、パソコン作業で行き詰まる方は少なくありません。かと言って、パソコン教室に通って身につけるスキルと、講師や起業家が必要なスキルは必ずしも一致するわけではありません。

みなさん、パソコンのスキルを磨きたいというよりも、「私の代わりにこの作業してくれないかしら？」がホンネです。そうしたニーズを汲み取り、起業家に特化したパソコンスキルの提供や代行をスタート。綾子さんならではの優しい対応力で引っ張りだこです。時間の工面が難しい女性の悩みに寄り添った、かゆいところに手が届くサポートを提供しています。

このように、既存の業種「パソコン教室」に、特定の業種「お教室の先生」で「パソコンが苦手」にスポットを当てることにより、起業家に特化したパソコンスキルの提供や代行を担うといった新しいアプローチとなっています。

自分のもっている経験や価値を掘り起こし、お客様のニーズに当てはめることで、ビジネスとして成り立つメニューになります。

加えて、綾子さんの得意とする、どこまでも細かく丁寧に対応できる能力を活かすこともできていて、女性起業家にとってありがたい存在となっていくことでしょう。まさに「私らしさ120％」のメニューと言えます。

おわりに

最後までお読みいただきありがとうございます。ご自分のもっていた価値に気づいていただけたでしょうか？

私は、「満席」にするというのは「自分に対する信念」と「最後まであきらめない気持ち」が大切だと思っています。集客のテクニックに溺れてしまってはいけません。

「この講座をお届けできるのは私しかいない」

「私が伝えなくてどうする」

という気概をもつことです。

自分を信じていない限り、あなたの発言や発信はただの薄っぺらい言葉になってしまいます。そして、それは必ずお客様に伝わってしまうものです。

「募集をしても、誰も来なかったらどうしよう」という恐れの気持ちも出てくるでしょう。とてもよくわかります。私も、いまだに新しいメニューを出すときは怖さでいっぱいになります。

その恐れの気持ちはどこから来るのかというと、「自分が他人から見てどう思われているか？」ということに他なりません。

よく思い出してみてください。「誰のために、その講座を開きたいのか？」ということを。決して、誰かの評価や称賛を得るためではないはずです。「満席」という言葉の響きに惑わされることなく、あなたが進みたい、あなたの道を進んでください。

私は、初めての連続講座を募集しようとした直前に、誹謗中傷を受けたことがあります。そのときは、「もう、講座を開催するのはやめたほうがいいのでは？」と悩み苦しみました。ですが、「この講座を必要としている人がいる」と自分を奮い立たせ、募集に臨みました。

結果、４万円の講座が12席、即満席となりました。心の恐れに立ち向かいながら、この結果を得ることができたとき、うれしくてうれしくて、涙があふれてパソコンの文字が読めなくなるほどでした。

自分を信じて突き進む。外部の声に翻弄されない。どんなときも、自分自身に言い聞かせている言葉です。

最後に、本書を書くにあたり、いつも温かいお声をかけてくださいました同文舘出版の編集担当の戸井田歩さん。また、こうして出版することができたのは、ここに書き切れないほどたくさんの諸先輩方をはじめ、私と関わってくださるすべての方のおかげです。深く御礼を申し上げます。

そして、私の講座を受けていただいている受講生さん。一緒に学びを深め、助け合える関係でとても幸せです。いつも見守ってくれる夫、息子たち、そして両親には感謝の気持ちでいっぱいです。

私自身、これまでたくさんの本に触れてきました。その中のたった1つの文章に、心を大きく動かされたことが何度もあります。この本も、みなさんにとって、そんな1冊になればという気持ちで執筆しました。

本書を手にしていただいた、あなたの人生に何かしらのエッセンスを残すことができたら、それは私にとって最大の幸せに他なりません。

女性起業プロデューサー　加藤あい

読者特典

満席講座づくりに役立つ
タイムスケジュールテンプレ＆動画講座

本書をご購入くださり、ありがとうございます。
御礼として、あなたの講座づくりに役立つ特典をご用意しました。
よろしければ、下記のLINE公式アカウントにご登録のうえ、ご活用ください。

『私らしさ120%！「満席講座」のつくりかた』LINE公式アカウント
……> https://lin.ee/qSgy5hX

特典1　満席を叶える！パーフェクト募集スケジュール記入用紙

特典2　あなたをファンにするストーリープロフィール

特典3　私が4万円の講座を１００人に販売できた裏話

・特典に関するお問い合わせは、著者までお願いします（https://ssl.form-mailer.jp/fms/483f237f264441）。
・この特典は予告なく終了する場合があります。

著者略歴

加藤あい（かとう あい）

女性起業プロデューサー、株式会社スマイルリボン代表取締役
大学卒業後、製菓会社に入社するも、自身でデザインしたお菓子は実現できず断念。出産後にパートをかけもちするが、「このままでいいのだろうか？」と思い、人脈ゼロからアイシングクッキー教室を主宰。開業半年で満席の人気教室となり、４年間で2,000人の生徒が集まる。自身の教室運営やブログだけで集客したという経験から、現在は起業、集客、コミュニティ構築、多様な働き方などのアドバイスを行っている。100名規模の講演会に登壇するなど、企業等からの講座依頼も多数。「自分の夢を叶え、生徒様にも夢を与えられるような女性講師を増やしていきたい」がミッション。共著に『好きなことで無理なく毎月１０万円稼ぐ方法』（かんき出版）がある。

● Blog　https://ameblo.jp/smileandribbon/
● Facebook　https://www.facebook.com/ribbon.smile.3

私らしさ120%!
「満席講座」のつくりかた

2021年12月30日　初版発行

著　者 ―― 加藤あい

発行者 ―― 中島治久

発行所 ―― 同文舘出版株式会社

東京都千代田区神田神保町1-41　〒101-0051
電話　営業03（3294）1801　編集03（3294）1802
振替00100-8-42935
http://www.dobunkan.co.jp/

ISBN978-4-495-54102-6

印刷／製本：萩原印刷
Printed in Japan 2021